U0495627

给青少年讲红色纪念馆里的故事丛书

新时代的先声：
北大红楼的故事

北京鲁迅博物馆（北京新文化运动纪念馆） 编著

中原出版传媒集团
中原传媒股份公司
大象出版社
·郑州·

图书在版编目（CIP）数据

新时代的先声：北大红楼的故事／北京鲁迅博物馆（北京新文化运动纪念馆）编著．— 郑州：大象出版社，2024．7

（给青少年讲红色纪念馆里的故事丛书）

ISBN 978-7-5711-2130-3

Ⅰ．①新… Ⅱ．①北… Ⅲ．①中国共产党-党史-北京-青少年读物 Ⅳ．①D235．1-49

中国国家版本馆 CIP 数据核字（2024）第 046815 号

给青少年讲红色纪念馆里的故事丛书

新时代的先声：北大红楼的故事

XINSHIDAI DE XIANSHENG：BEIDA HONGLOU DE GUSHI

北京鲁迅博物馆（北京新文化运动纪念馆）　编著

出 版 人	汪林中
丛书策划	董中山
项目总监	张桂枝
项目统筹	孟建华　崔　征
责任编辑	孟建华
责任校对	毛　路
装帧设计	付锬锬
责任印制	张　庆

出版发行　大象出版社，郑州市郑东新区祥盛街 27 号　邮政编码 450016

　　　　　　发行科　0371-63863551　总编室　0371-65597936

网　　址　www.daxiang.cn

印　　刷　河南瑞之光印刷股份有限公司

经　　销　各地新华书店经销

开　　本　720 mm×1020 mm　1/16

印　　张　11

字　　数　109 千字

版　　次　2024 年 7 月第 1 版　2024 年 7 月第 1 次印刷

定　　价　39.00 元

若发现印、装质量问题，影响阅读，请与承印厂联系调换。

印厂地址　武陟县产业集聚区东区（詹店镇）泰安路与昌平路交叉口

邮政编码　454950　　　　电话　0371-63956290

丛书编委会

丛书策划

黄乔生　薛　峰　董中山　王刘纯

丛书编委

（按姓氏笔画排序）

马海亭　王小玲　卢润彩　史永平

李　游　杨　宇　杨长勇　陈　松

孟建华　袁海晓　高慧琳

本书编委会

主　编

李　游　黄乔生

副主编

马海亭　刘　静

责任副主编

秦素银

我们走过的路（总序）

"什么是路？就是从没路的地方践踏出来的，从只有荆棘的地方开辟出来的。"

漫长的古代，在世界文明发展的道路上，我们曾经长期领先。到了近代，中国开始逐渐落后。鸦片战争使得"天朝上国"的旧梦彻底破灭，两千多年的封建道路再也走不下去，并随即堕入半殖民地半封建社会的深渊。

百年中国近代史，是一部屈辱史、抗争史，更是一部探索史。然而探索的道路充满血泪艰辛。北洋舰队的覆灭宣告洋务运动破产，谭嗣同的流血冲淡不了戊戌变法的败局，"城头变幻大王旗"揭示出辛亥革命的无奈……列强环伺，生灵涂炭，中国前进的道路在何方？民族复兴之路在哪里？！

历史的重担落到了中国共产党肩上。"十月革命一声炮响，给我们送来了马克思列宁主义"，经由五四新文化运动，马克思主义开始在中国广泛传播，1921年7月，在上海，中国共产党正式成立——中国革命的面貌从此焕然一新！

现在我们正走在中国特色社会主义的道路上，我们的国家和民族已经站起来、富起来，正在强起来。习近平总书记强调指出："走得再远、走到再光辉的未来，也不能忘记走过的过去，不能忘记为什么出发。"

红色纪念馆能够告诉我们来时所走过的路，告诉我们为什么要出发——她是历史的积淀，是探索的记录，是前行的坐标。红色纪念馆用大量的实物、图片、文字、音视频等，浓缩了一段段难忘岁月，展现了一个个感人场景，记录了那些让我们不能忘却也无法忘却的重大事件和重要历程，彰显着我们昂扬的民族精神，温暖着我们砥砺前行中的心灵！

青少年是祖国的未来，是担当民族复兴大任的时代新人，更需要身怀梦想，牢记初心，不忘来时的路。为此，我们编写了这套"给青少年讲红色纪念馆里的故事丛书",希望广大青少年在前行的道路上、在人生的"拔节孕穗期",汲取更多的营养,积蓄更多的发展力量。

希望阅读这套图书,恰似行走在研学旅行的探索之路上,红色号角在耳畔嘹亮吹响;又似畅游在革命文化大河之中,乐观向上、坚韧不拔的东风迎面扑来。首先我们来到北京新文化运动纪念馆,看一看在那个风起云涌的年代,马克思主义如何传入中国,历史为什么会选择中国共产党;接着我们来到中国共产党第一次全国代表大会纪念馆,去感受"开天辟地创伟业"的神圣时刻、重温伟大中国共产党的创建;然后我们来到南昌八一起义纪念馆,目睹人民军队的诞生、建军大业的完成;我们来到井冈山,感受"星星之火,可以燎原"的力量;我们来到瑞金,追述一段红色故都的往事;我们来到遵义,去重温伟大转折、传唱长征史诗;我们来到延安,去拥抱那段难忘的革命岁月;我们来到八路军太行纪念馆,听一听中国共产党领导人民进行伟大抗战的故事;最后,我们来到西柏坡——这个时候,新中国已如一轮红日冉冉升起!

这就是我们走过的路。

这里面蕴含着我们的道路自信、理论自信、制度自信和文化自信。今天，"我们比历史上任何时期都更接近、更有信心和能力实现中华民族伟大复兴的目标"；"我们要一棒接着一棒跑下去，每一代人都要为下一代人跑出一个好成绩"。

这是历史的使命！

丛书编委会

2024 年 1 月

不忘初心再出发（代序）

伟大的五四爱国运动，是中国由旧民主主义革命跨入新民主主义革命的分水岭，掀开了近代中国争取民族解放和民族振兴伟大斗争的序幕。这场爱国运动正是在位于北京市东城区五四大街和北河沿大街交叉口处的北大红楼里开始策划的。这座具有光荣革命传统的近代建筑，因后来发生的一系列影响和改变中国命运的大事，成为中国近代史上的重要坐标。它是李大钊、陈独秀、毛泽东等无产阶级革命家最早传播马克思主义和民主、科学进步思想的重要场所，被誉为新文化运动的重要营垒、五四爱国运动的策源地、马克思主义早期传播基地和中国共产党的重要发祥地之一。

党的二十大报告指出，要加大文物和文化遗产保护力度。为了更好地保护北大红楼，充分展示和利用红楼的红色基因和红色资源，国家文物局依托北大红楼建成北京新文化运动纪念馆。经过二十几年的发展，北京新文化运动纪念馆现已成为全国爱国主义教育示范基地、全国百家红色旅游经典景区之一。2014年7月，北京鲁迅博物馆和北京新文化运动纪念馆合并为北京鲁迅博物馆（北京新文化运动纪念馆），北大红楼成为该馆的一个馆区，迎来了新的发展机遇。为充分展示北大红楼的特殊地位和作用，在中国共产党成立100周年之际，在国家文物局和北京市委宣传部指导下，由北京新文化运动纪念馆与北京市委宣传部有关部门和单位合作举办的"红色序章、光辉伟业——北大红楼与中国共产党早期北京革命活动主题展"作为基本陈列长期对外开放，受到社会各界好评。这对于激励广大观众不忘初心，牢记使命，高举中国特色社会主义伟大旗帜，坚持以马克思主义为指导，不断推进新时代中国特色社会主义建设具有重要意义。

习近平总书记2021年7月1日在庆祝中国共产党成立100周年大会上的讲话指出："一百年来，在中国共产党的旗帜下，一代代中国青年把青春奋斗融入党和人民事业，成为实现中华民族伟大复兴的先锋力量。新时代的中国青年要以实现中华民族伟大复兴为己任，增强做中国人的志气、骨气、底气，不负时代，不负韶华，不负党和人民的殷切期望！"我们有责任和义务向青少年传播红色文化，让更多的青少年走进北大红楼，感悟那段激情燃烧的历史，汲取革命历史的"营养"，帮助青少年扣好人生的第一粒扣子，大力培育社会主义核心价值观，不断激发建设社会主义现代化强国的澎湃动力。

2018年7月21日，中共中央办公厅、国务院办公厅出台《关于实施革命文物保护利用工程（2018—2022年）的意见》，提出重点推进辛亥革命、五四运动、中国人民抗日战争等重大历史事件的遗址遗迹、纪念设施、文物藏品保护展示项目。我们积极响应这个号召，组织力量，为广大青少年编写了故事集《新时代的先声：北大红楼的故事》，力图通过挖掘与北大红楼相关的红色故事，为青少年奉献一份"精神大餐"。希望青少年通过阅读红色故事，了解发生在北大红楼里的新文化运动、五四运动和马克思主义在中国早期传播等感人故事，不断坚定理想信念，不忘初心再出发，牢记使命献青春。让青春年华在为国家、为人民的奉献中焕发出绚丽光彩。

2024年1月28日

目 录

第一部分

百年风云的见证者
——走进北大红楼......001

红楼新气象　**为什么会有北大红楼？**......003

红楼育新人　**红楼与新文化运动**......007

红楼风云起　**红楼与五四运动**......015

红楼传火种　**红楼与马克思主义的早期传播**......020

第二部分

文学革命，思想启蒙
——新文化运动的新鲜事......025

惊奇　这个校长向校工鞠躬......027

变革　这个人举起了文化大旗......033

课改　这个教授不一般......040

呐喊　一个文学巨匠横空出世......047

双簧　这两个人演的什么戏？......056

新潮　几个学生搞出了大事情......064

光荣　大学里有了女学生......070

第三部分

"外争主权，内除国贼"
——五四运动浪潮......075

震惊　胜利者的屈辱......077

酝酿　为了民族危亡......083

出发　发出我们的呐喊......089

愤怒　火烧赵家楼......094

营救　支持学生爱国运动......101

胜利　觉醒的中国......108

第四部分

"铁肩担道义，妙手著文章"

——马克思主义传播与北京共产党早期组织......113

理想中应有的希望　李大钊传播马克思主义......115

一个青年的思想转变　毛泽东在北大红楼......124

一次重要的论战　问题与主义之争......138

到工人中间去　中国首次纪念五一国际劳动节......143

南陈北李　建立共产党早期组织......148

附录　北京鲁迅博物馆（北京新文化运动纪念馆）简介......153

后记......155

第一部分

百年风云的见证者

——走进北大红楼

一百多年前，北大红楼在位于北京城内六区汉花园空地上拔地而起，西洋风格的主体红色建筑，与周边传统建筑群氛围形成鲜明对比。

当它最初由红砖砌成时，没有料到在此后的风风雨雨中会成为一种特殊的象征。作为新文化运动的中心、五四爱国运动的策源地、马克思主义早期传播基地、中国共产党的重要发祥地之一，北大红楼是见证近现代中国发展历程的重要建筑。

红楼新气象

为什么会有北大红楼？

近代史上的标志性建筑

坐落于沙滩的北京大学红楼是原北京大学文科教学楼。近代中国由"民主""科学"思想而引发的波澜壮阔的思想解放运动，以及追求国家独立、民族解放的抗日救亡运动、民主爱国运动等，无一不与这座融汇中西方文化特征的红楼息息相关。

据史料记载，沙滩原为永定河故道，当年河床宽阔，改道后在故道上留下一连串的沙滩，因此得名。红楼的建筑用地，旧称汉花园，在东城北河沿畔，原为清廷内务府掌管的皇家产业。光绪末年，由皇帝亲自批示，将这块800多平方丈的土地拨给京师大学堂，作增建校舍之用，但因连年战乱一直闲置。

1912年5月，京师大学堂正式更名为国立北京大学。为了缓解学生逐年增多带来的校舍紧张状况，1916年6月，北京大学向

> **红楼小课堂**
>
> ### 京师大学堂
>
> 1898年6月11日，清政府颁布"明定国是"诏书，宣布实施"新政"，实行变法，史称"戊戌变法"。作为"新政"措施之一，京师大学堂于1898年7月创办。可是变法仅仅持续103天就失败了。戊戌变法失败后，各项改革措施都被废除，只有京师大学堂被保留了下来。京师大学堂是中国近代第一所国立大学，其成立标志着中国近代国立高等教育的开端。辛亥革命后，京师大学堂改名为国立北京大学，并逐渐发展壮大。

比利时仪品公司贷款20万元兴建大楼，因这座五层砖木结构的楼房建筑主体用红砖建成，故人们习惯称之为"红楼"，当时也经常被叫作"沙滩大楼""大红楼"。贷款的抵押品就是汉花园的地皮和新楼，用每年所收学生的住宿费归还本息。

1917年9月，红楼基本落成，因按照学生宿舍的功用来设计，故有200多个房间。1918年2月决定将红楼改为文科楼，于是将三间房间打通并为一间作为教室，教室的中门封死，前门一进去便是讲台和黑板，后门则由学生们进出。改造后，屋里坐上四十多位同学仍显得十分宽敞。1918年8月，红楼建筑全部竣工，北京大学校部、图书馆和文科各门都从马神庙公主府校区迁入。

红楼成为当时北京最时尚的西式建筑。当时大楼的布局为：

北京大学红楼（1920 年）

地下室是北大印刷厂，设有排字间、校对室、印刷车间；一楼是图书馆，有登录室、编目室、报刊阅览室、书库等；二楼是校内行政部门和大教室，有校长办公室、教务处、总务处等；三楼、四楼均为教室，设有教授休息室和学生饮水室。

1952 年 9 月 16 日，北京大学自沙滩迁至西郊燕京大学旧址，只留下北大工农附属中学在红楼内。1956 年红楼移交中宣部代管，后移交艺术博物馆。中宣部、文化部、《红旗》杂志社等单位先后迁入，红楼也成为国家文物局的办公场所。1961 年 3 月 4

20世纪20年代红楼门口

日,红楼被国务院公布为全国重点文物保护单位。1962年9月,国家文物局所属文物博物馆研究所迁往红楼。1984年5月初设置了"红楼纪念牌"。2001年7月,成立北京新文化运动纪念馆筹备处。2002年4月北京新文化运动纪念馆正式对外开放。2016年9月,北大红楼入选"首批中国20世纪建筑遗产"名录。目前为全国爱国主义教育示范基地、北京市廉政教育基地、全国百家红色旅游经典景区之一。

红楼育新人
红楼与新文化运动

新文化运动的营垒

以《新青年》的出版为标志兴起的新文化运动，使20世纪初的中国，经历了一场深刻的思想革命。它高举民主与科学的旗帜，主张文学革命，对封建专制制度和封建思想文化进行了一次猛烈的扫荡，促进了中国人民特别是知识青年的觉醒，为马克思主义在中国的传播创造了条件。而北大红楼，正是五四新文化运动的一个主要传播基地。

1911年10月10日夜，武昌城枪炮声起，次日凌晨起义成功，随后，各省纷纷独立，支持革命，脱离腐朽的清政府的统治。统治中国两千多年的封建王朝一去不复返。1911年是农历辛亥年，历史上称这次革命为"辛亥革命"。

辛亥革命推翻了清朝封建统治，使民主、自由、平等、博爱等思想得到进一步的传播。但辛亥革命的胜利果实被袁世凯窃取，

袁世凯祭天，为复辟帝制造势

他梦想恢复帝制，所以在思想文化领域掀起了一股尊孔复古的逆流。与此同时，粗俗鄙陋、格调低下的文艺作品大肆泛滥，鬼神迷信之说广为流行，严重束缚了人们的思想。倒行逆施必不得人心，以陈独秀为代表的中国先进分子奋起反击，新文化运动应运而生。

我们可以从以下几个方面认识新文化运动。

一本杂志，即《新青年》杂志，新文化运动中的核心杂志。1915年9月，陈独秀在上海创刊《青年杂志》，并在创刊号上发表《敬告青年》一文，揭开了新文化运动的序幕。从1916年9月出版第二卷第一号时，《青年杂志》改名为《新青年》。《新青年》以其思想敏锐、视野开阔、姿态激进的新意识，引领思想文化界

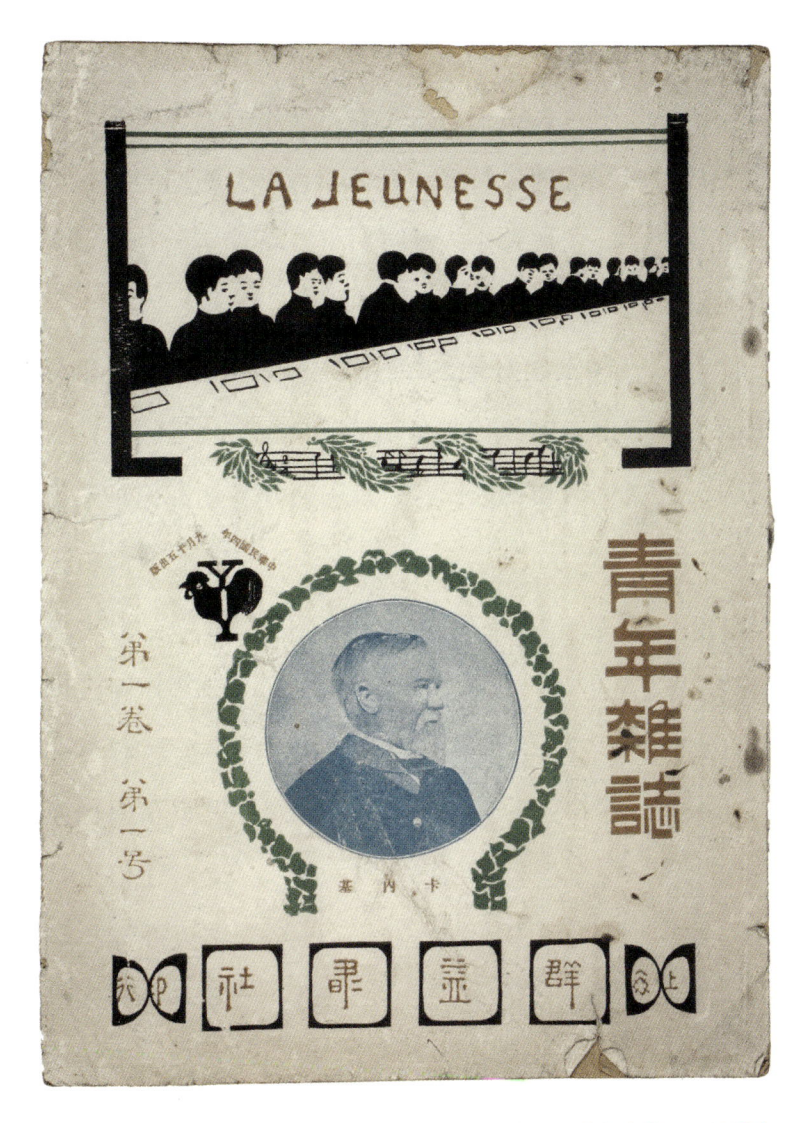

《新青年》1915年9月15日在上海创刊，初名为《青年杂志》。1916年9月1日出版第二卷第一号改名为《新青年》。1917年年初，《新青年》编辑部迁到北京。《新青年》从第四卷第一号（1918年1月）起实行改版，改为白话文，使用新式标点。后《新青年》编辑部迁返上海，从1920年9月的第八卷第一号起，《新青年》成为中国共产党上海发起组的机关刊物。1922年7月休刊。1923年6月改为季刊，成为中共中央理论性机关刊物，出4期后休刊。1925年4月复刊，为不定期刊，出5期，次年7月停刊

与封建文化传统作斗争,成为介绍与传播西方近现代文化思潮的主要窗口,成为新文化运动的大本营,从思想上、文化上推动中国从近代社会向现代社会转变。在《新青年》的周围,团结了一大批先进分子,一大批青年人通过阅读《新青年》,走上了思想觉醒的道路。

一个口号,民主和科学,即德先生(Democracy)和赛先生(Science)。"德先生"和"赛先生"是新文化运动时期提出的重要口号。新文化运动提倡民主,反对封建专制和伦理道德,要求平等自由,个性解放,主张建立民主共和国;提倡科学,反对尊孔复古思想和偶像崇拜,反对迷信鬼神,要求以理性与科学判断一切。新文化运动中民主和科学两面旗帜的树立,使中国社会许多方面都发生了重大变化。

一个学校,即

在《青年杂志》的创刊号上,陈独秀发表创刊词《敬告青年》,对青年提出六点要求:自由的而非奴隶的,进步的而非保守的,进取的而非退隐的,世界的而非锁国的,实利的而非虚文的,科学的而非想象的

> **红楼小课堂**
>
> **毛泽东在《新青年》发表文章**
>
> 1917年4月,毛泽东以"二十八画生"为笔名,在《新青年》杂志发表了《体育之研究》一文。毛泽东在《体育之研究》中提出:"夫体育之主旨,武勇也。武勇之目,若猛烈,若不畏,若敢为,若耐久,皆意志之事。"指出要注重日常体育锻炼,意志是人生事业的先驱。

北京大学。五四前后是新文化运动的高峰期,可以说,当时新文化运动的中心就在北京大学。1917年1月,著名教育家蔡元培就任北京大学校长,实行"思想自由""兼容并包"的办学方针,推动了新文化运动的发展。他聘请陈独秀到北京大学担任文科学长,《新青年》编辑部随陈独秀由上海迁至北京北池子箭杆胡同20号,即原箭杆胡同9号。

蔡元培同时聘请李大钊、鲁迅、胡适、钱玄同等有新思想的学者到北大执教,他们逐渐成为思想解放领袖式的人物,北大学术思想空前繁荣。

1918年8月,北大红楼建成并投入使用,红楼内迅速聚集了一大批开明学者和进步学生。当时北京大学的学生们大多住在红楼附近的公寓或旅店里,他们到红楼教室听课,在红楼图书馆阅读。在北大红楼清新活跃的环境中,出现了新潮社、《国民》杂志社、新闻学研究会、哲学研究会等许多进步社团,出版发行了《新潮》《国民》《每周评论》等进步刊物。这些新派人物和进步社团的

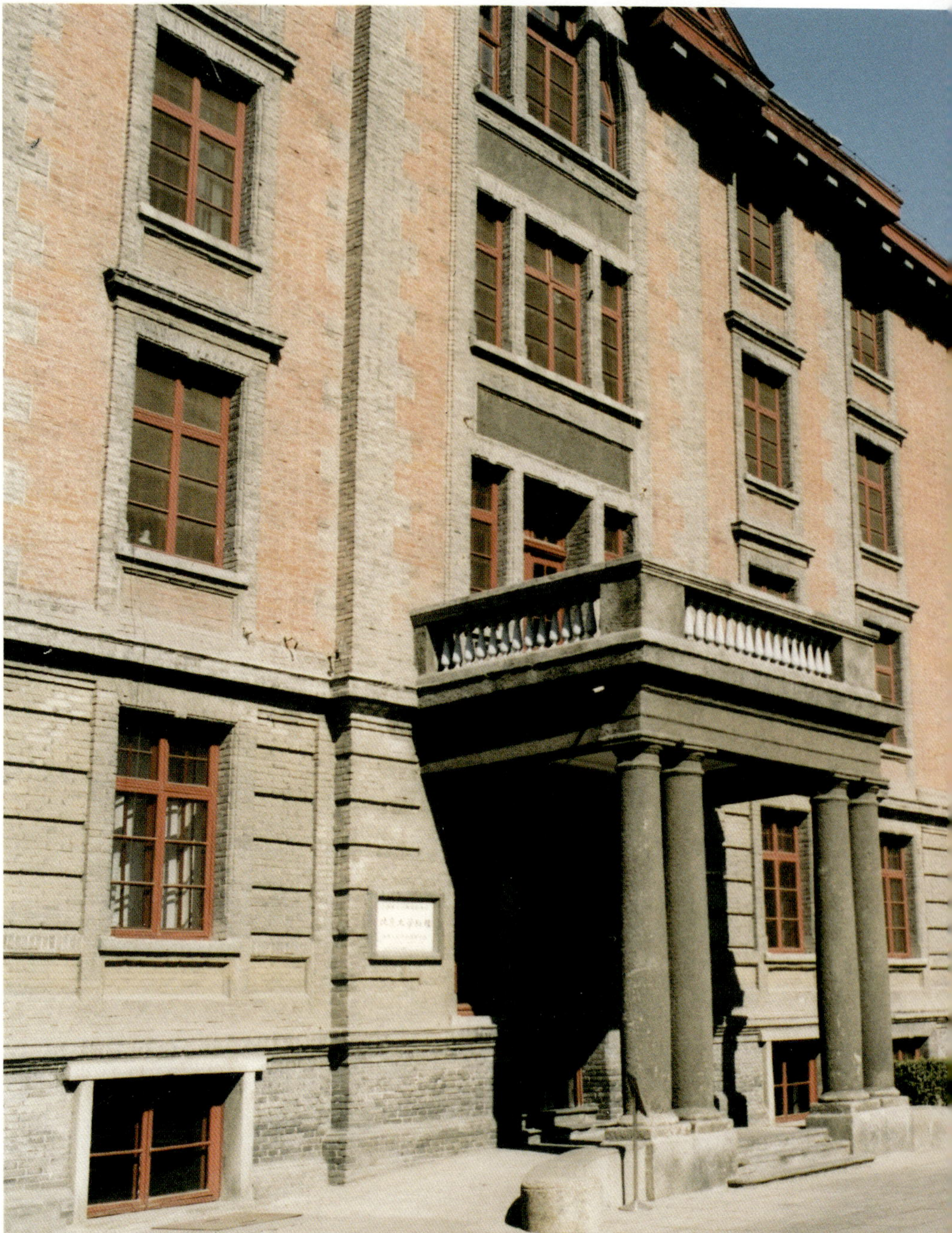

因这座五层砖木结构楼房的建筑主体用红砖建成，故人们习惯称之为"红楼"

邓中夏、高君宇等人创办的《国民》杂志

活动使北大红楼成为新文化运动名副其实的营垒。以《新青年》和北大红楼为主要阵地，思想启蒙和文学革命都取得日新月异的成绩，新文化运动开展得如火如荼。

一个转变，即转向马克思主义。十月革命后，《新青年》的主要撰稿人之一李大钊开始大量发表文章，宣传马克思主义。五四运动后，《新青年》的创始人陈独秀也开始宣传推广马克思主义，并率先在上海成立了中国共产党的早期党组织，《新青年》后来成为党组织的杂志。这就促使新文化运动发生了根本变化，由一个资产阶级文化革命运动转变为一个广泛宣传马克思主义思想运动，《新青年》也逐渐变成宣传马克思主义的刊物。红楼也成为了马克思主义在中国早期传播的主要阵地。

红楼风云起

红楼与五四运动

见证五四运动

红楼见证了五四爱国运动的全过程，见证了北大学子的拳拳爱国之心，红楼也从此名扬天下。随着五四运动的不断扩大，新文化运动的影响迅速波及全国，红楼更成为爱国、进步、民主、科学的象征，成为万千青年学子向往的地方。

说起五四运动，就得先说说第一次世界大战。

第一次世界大战（简称"一战"），从1914年7月爆发到1918年11月结束，历时4年多，是一场主要发生在欧洲但波及全世界的世界大战。战争主要是在协约国和同盟国之间进行。英国、法国、俄国等属于协约国（后美国加入协约国参战），德国、奥匈帝国等属于同盟国。战争以协约国的胜利而告终。

中国和日本都加入协约国作战，均属于战胜国。然而，弱国无外交，战后召开的巴黎和会，竟然要将德国在山东的特权全部

转让给日本。消息传来，人民愤怒，反帝爱国的五四运动由此爆发。

北京大学的师生是这场伟大爱国运动的领导者、组织者和积极参与者，红楼及其北面的操场是这场爱国运动的重要活动场所，可以说，红楼是五四运动最重要的历史见证。

红楼见证了《北京全体学界通告》的诞生。中国外交失败的消息从巴黎和会传来，1919年5月3日晚，北大学生与各校学生代表在北大法科礼堂集会，决定于5月4日举行学界示威游行。5月4日上午10时，罗家伦从北京高等师范学校回到位于红楼一层的新潮社，由于时间紧迫，应其他同学央求，毫不推辞，一气呵成，写就《北京全体学界通告》。《北京全体学界通告》激情宣誓：

　　中国的土地可以征服而不可以断送！

　　中国的人民可以杀戮而不可以低头！

　　国亡了，同胞起来呀！

《北京全体学界通告》唤起人们心中积怨已久的国仇家恨，迅速流传开来。到当天下午1点，北京大学和其他北京高校学生

《北京全体学界通告》

1919 年 5 月 4 日当天的游行队伍

3000 多人在天安门前集会时,《北京全体学界通告》已印成 2 万份,在集会和随后的游行示威中,同学们把《北京全体学界通告》传单散发给市民,对学生争取到市民的支持起到了非常重要的作用。

红楼见证了游行队伍的出发。5 月 4 日上午 11 时左右,北大学生在红楼后面的操场集合排队。这时教育部派了一个职员随同几个军警长官,劝告他们不要参加游行,学生们与其理论多时,然后才浩浩荡荡走出学校,沿北池子大街向天安门行进。

红楼见证了被捕同学的胜利归来。五四运动当天被捕的 32 名学生,经多方努力于 5 月 7 日上午获释。北京各高校学生前往警察厅,迎接获释的被捕同学。10 时左右,他们一齐到达北大,然后各自返回本校。蔡元培校长和北大全体师生齐集红楼门外,迎

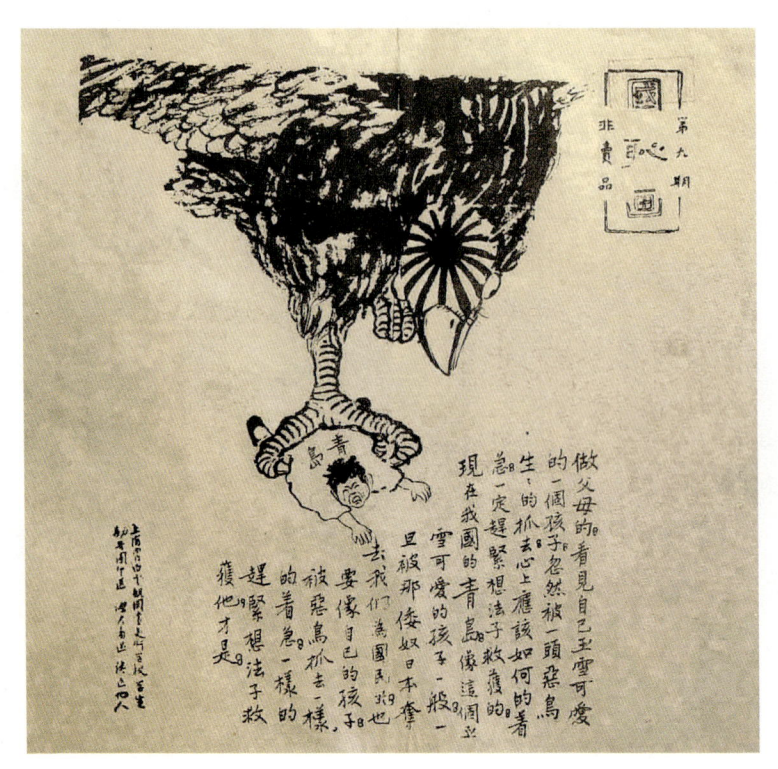

五四运动时期的传单

接被捕同学返校。

红楼见证了五四运动的胜利。北洋政府继续采取强硬的态度，逼走北大校长蔡元培，取缔学生的爱国运动，并抓捕更多的爱国学生，仍然试图在和约上签字。这引起全国人民的愤怒。全国多个城市的学生罢课，支持北京学生的爱国斗争。从6月5日开始，上海工人为支持学生举行大罢工，高潮时达到10多万人。随后全国许多城市都卷入罢市风潮，铁路工人也开始罢工。终于，北洋政府撑不下去了，6月10日下令罢免曹汝霖、章宗祥和陆宗舆的职务。6月28日，巴黎和约签字的那一天，中国代表团拒绝在和约上签字。9月20日北大校长蔡元培归来复任。至此，五四运动圆满胜利。

红楼小课堂

李大钊评论巴黎和会

这回欧战完了（指第一次世界大战结束——编者），我们可曾作梦，说什么人道、平和得了胜利，以后的世界或者不是强盗世界了，或者有点人的世界的采色了。谁知道这些名辞，都只是强盗政府的假招牌。我们且看巴黎会议所议决的事，那一件有一丝一毫人道、正义、平和、光明的影子，那一件不是拿着弱小民族的自由、权利，作几大强盗国家的牺牲！

——摘自李大钊《秘密外交与强盗世界》，原载《每周评论》第22号，1919年5月18日

红楼传火种

红楼与马克思主义的早期传播

马克思主义传播的重要阵地

在十月革命和五四运动的影响下，马克思主义在中国得到广泛传播。信仰马克思主义的先进知识分子在红楼里举起了旗帜，一大批青年人在红楼成长，红楼成为马克思主义传播的重要阵地。

1848年《共产党宣言》的出版，标志着马克思主义的诞生。当马克思主义已经在指导欧洲工人解放运动的时候，中国正在滑向半殖民地半封建社会的深渊，陷入任人宰割的悲惨境地。自鸦片战争后，救亡图存成为一批又一批先进的中国人锲而不舍的追求。在各种运动相继失败和各种思想无力解决中国问题的背景下，19世纪末20世纪初，社会主义思想和马克思主义开始被译介到中国。

十月革命胜利后，以李大钊为代表的先进知识分子开始在中国传播马克思主义。之前,梁启超、朱执信、宋教仁、廖仲恺、孙中山等都曾发表文章介绍过马克思学说,但主要是把马克思主义作为一种学术流派进行介绍的,而且也非常零碎,谈不上主动引进马克思主义。李大钊率先举起了马克思主义大旗,先后发表《法俄革命之比较观》《庶民的胜利》《布尔什维主义的胜利》等文章,阐述十月革命的意义,讴歌十月革命的胜利。1918 年 8 月,北大新校舍红楼建成,随后,李大钊把北京大学图书馆从马神庙迁入新建成的汉花园红楼一层,并以红楼为阵地积极宣传马克思主义。

1919 年 5 月 4 日,五四运动的爆发,标志着一场新的伟大的

列宁在演讲

一批先进分子逐渐转变为马克思主义者。图为李大钊等人发起成立的少年中国学会部分成员合影

反帝反封建斗争的开始，并由此引起了一场广泛的深层次的马克思主义传播运动，特别是对促进马克思主义同中国工人运动的结合有着重要的影响。一批先进分子相继从激进民主主义者转变为马克思主义者。五四运动前后，在红楼里创办的《每周评论》、《民国日报》副刊《觉悟》、《新社会》等刊物，成为报道五四运动和宣传马克思主义文章的主要载体。李大钊为《新青年》主编"马克思主义研究专号"，其中李大钊的《我的马克思主义观》比较全面地介绍了马克思主义。随后，一批研究马克思主义的社团出现，如北京的"马克思学说研究会"、上海的"马克思主义研究会"、湖南的"俄罗斯研究会"等。一大批先进分子成为马克思主义者，

走上无产阶级革命道路。社会主义在当时的中国呈现出"雄鸡一鸣天下晓"的情景。

在李大钊等人的影响和形势的推动下,一批爱国进步青年,尤其是那些具有初步共产主义思想的知识分子,经过各自的摸索,逐步划清了无产阶级社会主义和资产阶级民主主义、科学社会主义和其他社会主义流派的界限,走上了马克思主义的道路。

在马克思主义的传播过程中,中国的南北方各形成了一个宣传马克思主义的中心,南方是上海,北方是北京。1920年3月,由李大钊主持,北京大学马克思学说研究会在北大成立。著名的"亢慕义斋"("亢慕义"为音译,意为"共产主义")就是这个研究会的办公室和图书馆。

1920年5月,陈独秀在上海成立了马克思主义研究会。北京和上海这两个中心,先后同湖北、湖南、浙江、山东、广东、天津等地受过五四运动影响的先进分子建立联系,促进了马克思主义的广泛传播。

红楼小课堂

《共产党宣言》

《共产党宣言》是马克思和恩格斯为共产主义者同盟起草的纲领,全文贯穿马克思主义的历史观,是马克思主义诞生的标志。1848年《共产党宣言》出版面世。《共产党宣言》第一次全面系统地阐述了科学社会主义理论,指出共产主义运动将成为不可抗拒的历史潮流。1920年,陈望道翻译了《共产党宣言》,为该书第一个中文全译本。

在马克思主义传播的过程中，还有一条特殊的渠道，一支特别的队伍——五四运动前后出国勤工俭学的青年知识分子。1918年，毛泽东就是为组织湖南新民学会会员和湖南学生去法国勤工俭学而第一次来到北京，来到红楼的。后来毛泽东在红楼里的北大图书馆工作了一段时间，受到李大钊等人影响，思想迅速地朝着马克思主义的方向发展，并逐渐成为一名马克思主义者。赴法留学的蔡和森和周恩来，也先后成为马克思主义者。到1921年秋天，周恩来认定了他的目标即共产主义，"我认的主义一定是不变了，并且很坚决地要为他宣传奔走"。

在中国早期马克思主义者的队伍中，李大钊、陈独秀属于先驱者和擎旗人，毛泽东、蔡和森、邓中夏、瞿秋白、周恩来等五四运动中比较年轻的左翼骨干则是其主体。

随着五四运动后马克思主义在中国迅速而广泛的传播，随着一批确立马克思主义信仰的先进分子的出现，在中国成立共产党组织的思想和干部条件就具备了。1920年8月，上海共产党早期组织在《新青年》编辑部成立，陈独秀担任书记。1920年10月，李大钊等在北大红楼成立了北京共产党早期组织——"共产党小组"，并陆续发展了一批党组织成员。

第二部分

文学革命，
思想启蒙

——新文化运动的新鲜事

新文化运动提倡民主和科学，反对专制和迷信盲从；提倡个性解放，反对封建礼教；提倡新文学，反对旧文学，实行文学革命。

新文化运动包括文学革命和思想革命两方面的内容。文学革命形式上主张白话文代替文言文，以白话文学为中国文学之正宗，内容上以反帝反封建为时代特征。思想革命则是举起"民主"和"科学"大旗，向封建思想文化发起了前所未有的猛烈攻击。

新文化运动唤醒了一代青年，在中国社会上掀起了一股生气勃勃的思想解放潮流，并为马克思主义在中国的传播创造了有利条件。新文化运动涌现出许许多多的新人新事新气象，让世人久久回味，并值得历史铭记。

惊奇
这个校长向校工鞠躬

新文化运动时期的蔡元培

蔡元培(1868—1940),字鹤卿,号子民,浙江绍兴人。1917年至1927年任北京大学校长,革新北大,"兼容并包",开北大风气之先;1920年至1930年,蔡元培同时兼任中法大学校长。蔡元培数度赴德国和法国留学、考察,研究哲学、文学、美学、心理学和文化史,为他致力于改革封建教育奠定了思想理论基础。

1912年,孙中山先生在南京组成了临时政府,蔡元培出任第一任教育总长。他宣布新的教育方针,改革学制,废止祀孔,主张"教育救国""科学救国",选派优秀青年10余人,赴欧美深造,这些人后来大都为我国教育、科学事业做出了突出贡献。

1916年12月26日,蔡元培被任命为北京大学校长。1917年1月4日,蔡元培赴北京大学上任,据当时正在北大上学的顾颉刚回忆,到任当天,校工们在门口恭恭敬敬地排队向蔡校长行礼，蔡校长脱下自己头上的礼帽，郑重其事地向校工们回鞠了一个躬，这使得校工和学生们大为惊讶：这是一位不同以往的校长。在民国之前，北京大学叫京师大学堂，学校里的学生大都是京官，所以学生都被称为"老爷"，而学校监督和教员都被称为"大人"。到了民国时期，北京大学在社会民众眼中仍是官僚机构，

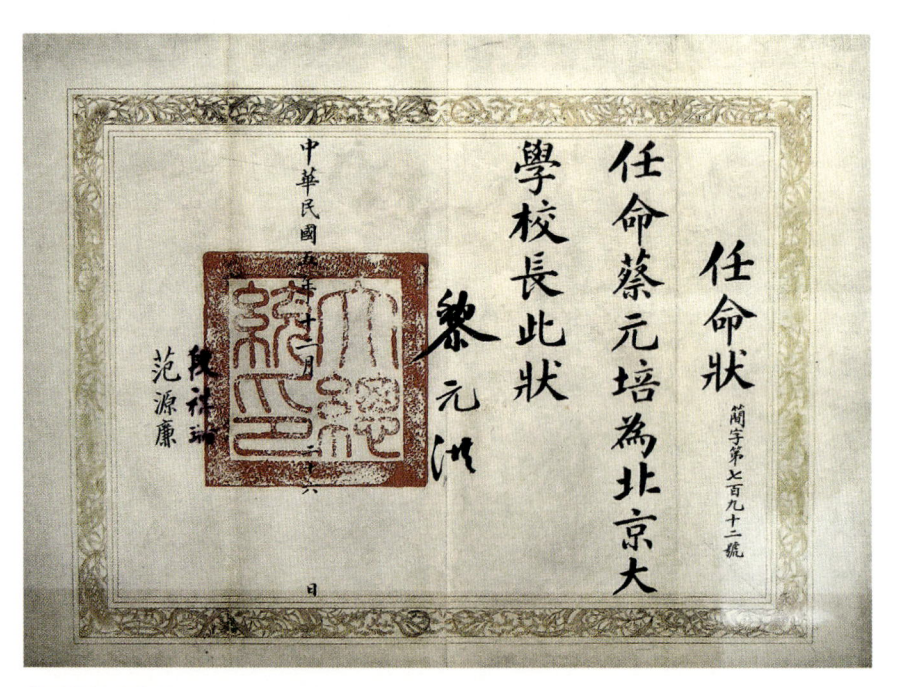

蔡元培在北大时期

蔡元培的任命状

但是蔡元培从来也没有把北大校长一职当作一个官职,他说:"大学学生当以研究学术为天职,不当以大学为升官发财之阶梯。"

蔡元培就任北京大学校长后,一扫旧北大腐朽保守之颓风,力图整顿改革,提倡"思想自由""兼容并包"的办学方针,广为延揽有真才实学的名流学者,特别是陆续聘请了陈独秀、李大钊、胡适、刘半农、周作人、鲁迅等一批有新思想、提倡新文化的新派人物执教北大,实行民主办学,鼓励学术研究、出版刊物和开展社团活动,北大校风为之焕然一新。后来北大能成为五四运动的策源地,蔡元培的改革功不可没。

陈独秀当时是《新青年》杂志主编,却不是社会公认的学者,

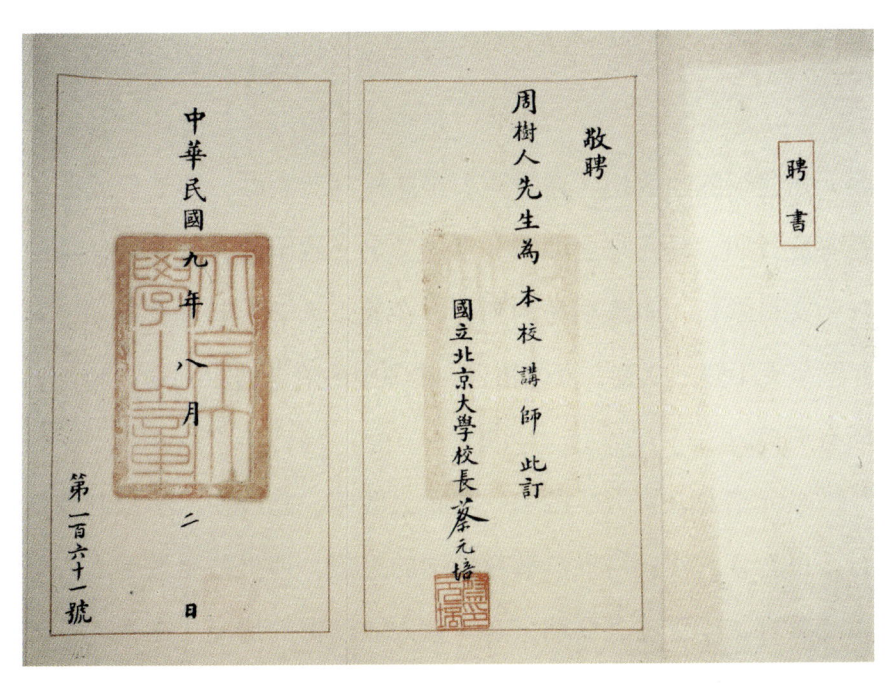

北大广为延揽有真才实学的学者,这是鲁迅的聘书

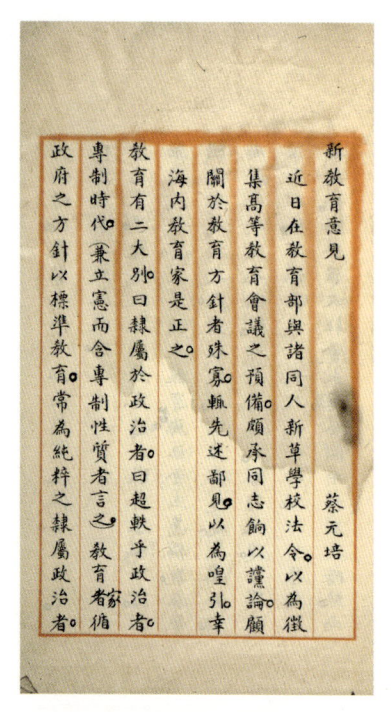

蔡元培《新教育意见》抄稿

没有什么著作，也不是什么家，但是蔡元培很欣赏陈独秀在《新青年》杂志上的教育主张。其时陈独秀正在北京为《新青年》杂志融资，住在前门的一家小旅馆里，蔡元培几乎天天去看望陈独秀，有时候去得早，陈独秀还没起床，蔡元培就招呼旅馆的茶房，不要叫醒陈独秀，让茶房拿凳子给他坐在房门口等候。但是陈独秀觉得自己既无学位又无大学教学经验，对教书兴趣也不大，还是想回上海办《新青年》。于是蔡元培建议陈独秀把《新青年》杂志搬到北京办，终于促成陈独秀答应任职，蔡元培立即以北京大学名义致函教育部，聘任陈独秀为文科学长。而陈独秀的到任，在北京大学引起全校震动，青年学生无不热烈欢迎，奔走相告，教师中的遗老遗少则窃窃私议，啧有烦言。

蔡元培对北京大学的另一项重大改革，是改变入学限制和推行平民教育。蔡元培推崇教育救国的思想，理想是要做到人人可以受教育，改变过去那种只有少数人能读书的情况。在蔡元培的支持下，1918年4月14日，北京大学校役夜班开学，举行了隆重的开学典礼。全校校役 230 余人，齐集北大文科教室，听蔡元培的演讲。蔡元培向校役们讲述了其"无人不当学、而亦无时不当学"的理想。蔡元培认为，中国的旧教育，是以培养科举士人、封建官僚为目的的，而他推崇的教育并不是完全为功利而学，而是读书明理，以求大用。因此，他将在校役夜班学习的好处总结了两点：一是校役们在学校里工作，能写会算，将有益于他们的工作，而且大概知道一些为人处世的道理，有利于人品的培养，不至于出现一些不正当的行为；二是有利于校役们将来离开学校后的谋生，学会不同的知识，也就能相应从事某种职业，学以致用。

校役夜班的教员，都由学生义务担任，教授会推举一人为教务主任，管理教员之事，课程有修身、国文、算术和理科，并选学一种外语。蔡元培认为，北京大学教育普及的第一步，便是校役夜班的开办。两年的时间内，校役夜班收到了很好的效果。

北大平民夜校

> **红楼小百科**
>
> **学界泰斗，人世楷模**
>
> 1940年3月5日，蔡元培在香港因病溘然长逝。3月7日，毛泽东由延安发出唁电，深致悼念，称蔡元培先生为"学界泰斗，人世楷模"。3月9日，中共中央发出唁电，极表痛惜："先生为革命奋斗四十余年，为发展中国文化教育事业勋劳卓著，培植无数革命青年，促成国共两党合作。……遽闻溘逝，无任痛惜！"

但仅仅是大学中的人有受教育的权利还不够，还要全国人都享受这种权利才好。蔡元培决定开办平民夜校。"平民"的意思，是"人人都是平等的"。

到1920年年初，北大校役夜班从校内扩大到了校外，北京大学又开办了平民夜校，招收校外平民入学。平民夜校经蔡元培赞助，由北大学生会负责开办。一开学便招收学生400多人，并于1月18日举行开学典礼，蔡元培在会上发表了激情昂扬的演说，认为这一天不仅是北京大学学生会平民夜校的开学日，也是北京大学准许平民进校园的第一天，因此关系重大。蔡元培讲道：从前的北京大学，是不许旁人进去的；现在的北京大学，人人都可以进去。从前的北京大学挂着一块牌子，写着"学堂重地，闲人免入"，以为全国最高的学府，只有大学学生和教职员工可以进去，旁人都是不能进去的，而现在这块牌子已经拿走了。

北京大学校役夜班和平民夜校是蔡元培教育思想的充分体现。

变革
这个人举起了文化大旗

新文化运动时期的陈独秀

陈独秀（1879—1942），字仲甫。安徽怀宁十里铺（今属安庆市）人。他是新文化运动的主要倡导者之一，创办了著名新文化运动核心刊物《新青年》，也是五四运动的精神领袖，中国共产党的创始人和早期领导人之一。

中国近代以来遭受的苦难使得一些进步的中国人开始了救亡图存、振兴民族的尝试，但洋务运动、维新变法乃至辛亥革命的失败使得思想启蒙的任务更加艰巨复杂。从20世纪初开始，以陈独秀创办的《新青年》杂志为阵地的进步知识分子，掀起了轰轰烈烈的思想革命，树起了新文化运动"民主""科学"的大旗。

1915年9月，陈独秀在上海创办《青年杂志》（后更名为《新青年》）。1917年1月，陈独秀应蔡元培邀请担任北京大学文科学长，从上海搬到北京，《新青年》编辑部亦同时迁至北京。

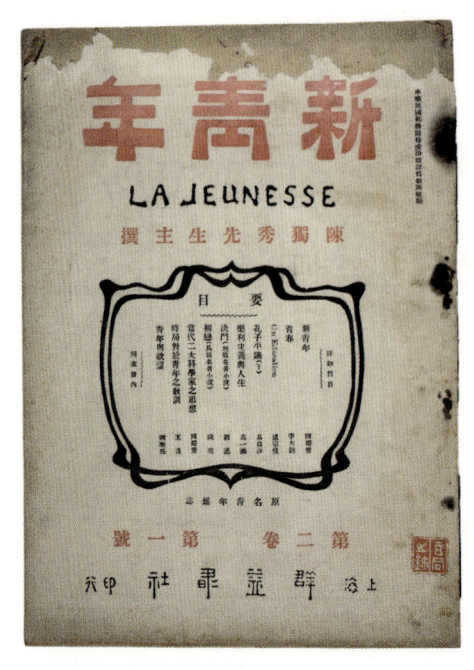

《新青年》第二卷第一号

《新青年》杂志迁来北京后，发行量剧增，陈独秀利用《新青年》在传播新思想、新文化方面发挥了巨大作用，新文化运动得到蓬勃发展。《新青年》从创刊到第三卷第六号由陈独秀主撰，从第四卷第一号起改为同人刊物，主要撰稿人有胡适、李大钊、鲁迅、钱玄同、刘半农、高一涵、沈尹默、周作人等，使之成为当时最著名的进步刊物。

陈独秀认为，中国国民受几千年儒家伦理纲常道德毒害，"君为臣纲，父为子纲，夫为妻纲"，没有独立自主的人格，这是使国民性衰弱的主要原因。所以，陈独秀发起批判儒家伦理道德观、为争取个性解放而斗争的伦理革命，李大钊、易白沙和吴虞等人也积极参与到这场斗争中来。对于饱受封建伦理迫害的广大中国妇女，陈独秀在唤起国民独立人格时特别指出，要建立新的家庭制度，解放妇女，在《新青年》上特辟《女子问题》专栏讨论妇女问题。这促使中国妇女在新思想启蒙下，摆脱旧式婚姻家庭的束缚，并走出家门，探索救国真理。

陈独秀　　　　　　李大钊　　　　　　胡适

鲁迅　　　　　　钱玄同　　　　　　刘半农

新文化运动的代表人物

《新青年》杂志上《女子问题》专栏

科学与民主相辅而行，愚昧与专制相依为命。科学是愚昧的对头，专制是民主的死敌。宣传科学和民主，就必须廓清愚昧，破除封建迷信。辛亥革命失败后，封建迷信活动随着复古主义思潮的兴起而泛滥。当时竟有人成立"灵学会"，大肆散播妖言鬼话。《新青年》第四卷第五号起向有鬼论者展开了猛烈进攻。陈独秀发表了《有鬼论质疑》，陈大齐撰写了《辟"灵学"》，以心理学、生物学证明"扶乩者所得之文，确是扶乩者所作"。新文化运动的宣传者们主张用科学态度对待传统观念和一切社会问题，排除虚妄迷信和盲从。

作为思想文化的载体，文学的改革也势在必行。陈独秀与尚在美国留学的胡适通过书信探讨文学改革问题,陈独秀嘱托胡适作一篇改良文学的论文,即发表在《新青年》第二卷第五号的《文学改良刍议》,胡适明确提出要"言文合一","以白话文学"为"文学之正宗"。《文学改良刍议》发表之后,陈独秀紧接着在《新青年》第二卷第六号上发表了气势磅礴的《文学革命论》,把文学革命作为解放思想和改造国民性的利器,同政治革命密切结合起来,从此中国文学开创了一个以白话文为主体的新时代。新文学运动在中国社会产生了深远影响,几乎所有杂志、报纸及文艺作品都开始改用白话文。

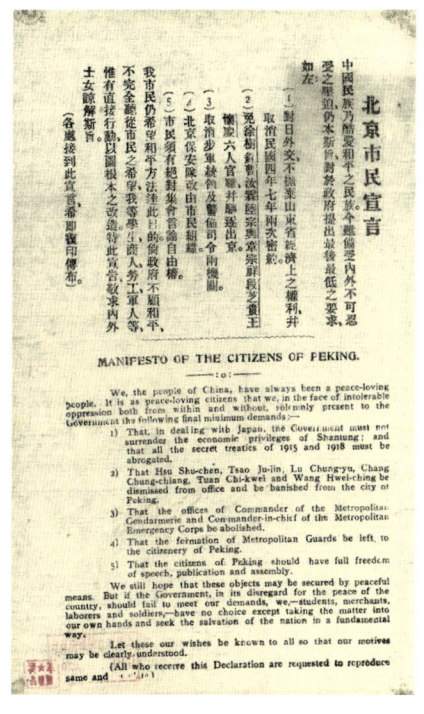

《北京市民宣言》

五四运动爆发后,陈独秀与进步青年学生站在同一战线,从5月4日至6月上旬,他和李大钊主编的《每周评论》用全部版面报道五四运动发展情况,并连续出版三期"山东问题"专号。陈独秀在当时发表的文章中指出,日本侵害东三省,又侵害山东,是我们国民全体的存亡问题,无论是学界、政客、商人、劳工、农夫、警察、当兵的、做官的、议员、乞

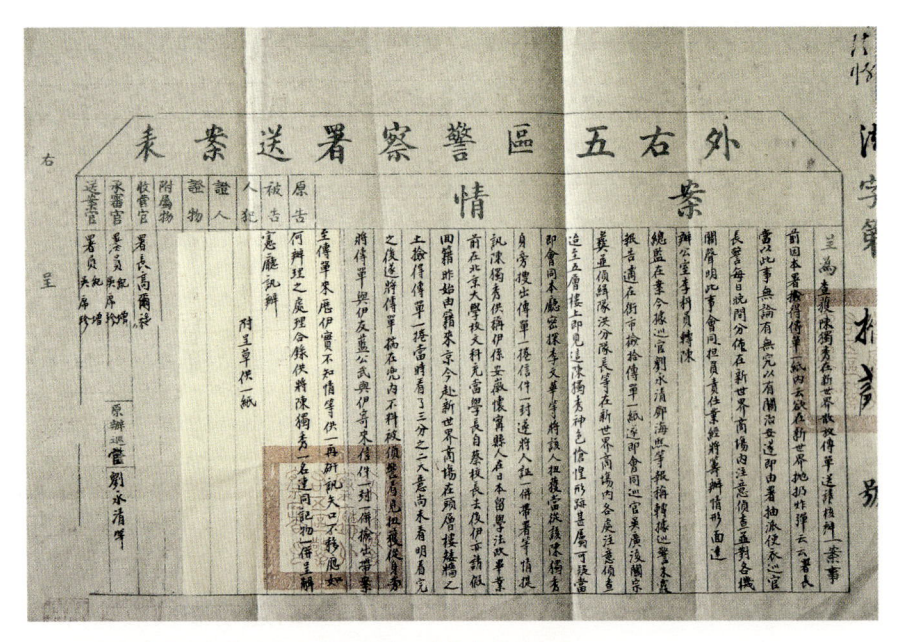

外右五区警察署为查获陈独秀散发传单送请核办的送案表

丐、新闻记者,都应出来反对亲日派才是,万万不能袖手旁观。陈独秀自然也是不会袖手旁观的,他除了参加策划学生的一些集会,还亲自起草《北京市民宣言》,请胡适译成英文,并印成中英双语的传单,于6月11日下午亲自到北京闹市散发,并因此而被捕入狱,当夜《新青年》编辑部及陈独秀的家遭到反动军警搜查。陈独秀的被捕,在国内引起轩然大波,各大报纸纷纷报道,各界人士积极营救,孙中山也向北洋政府发出抗议。在全国学界、教育界、政界、工商界的共同努力下,9月16日陈独秀终获自由,李大钊为此作诗《欢迎陈独秀出狱》:"你今出狱了,我们很欢喜!……什么监狱什么死,都不能屈服了你。"毛泽东也在《湘

红楼小课堂

"文学革命"的征战目标

陈独秀在《新青年》第二卷第六号上发表《文学革命论》，提出"三大主义"作为"文学革命"的征战目标，即：

推倒雕琢的阿谀的贵族文学，建设平易的抒情的国民文学；

推倒陈腐的铺张的古典文学，建设新鲜的立诚的写实文学；

推倒迂晦的艰涩的山林文学，建设明瞭的通俗的社会文学。

江评论》上发表文章进行声援。

俄国十月革命以后，先进分子开始在中国传播马克思主义。马克思主义的传入，给新文化运动注入了新的内容。李大钊是中国第一个传播马克思主义并主张走俄国道路的先进分子。在李大钊的主持下，《新青年》出版了"马克思主义研究专号"，陈独秀开始向马克思主义者转变比李大钊晚了半年多，但他紧紧地跟上来了，并在以后产生了极大的影响。

课改

这个教授不一般

> **新文化运动时期的胡适**
>
> 胡适（1891—1962），字适之，安徽绩溪人。19岁考取庚子赔款官费生，留学美国，师从哲学家约翰·杜威，1917年夏回国，受聘为北京大学教授。1918年加入《新青年》编辑部，大力提倡白话文，宣扬个性解放、思想自由，与陈独秀同为新文化运动的领袖。

1916年，陈独秀通过朋友汪孟邹结识了当时在美国留学的安徽同乡胡适。胡适认为文言文是半死的文字，而日常使用的白话才是富于生命力的"活的语言"。陈、胡两人不断通过书信探讨文学改革问题，陈独秀特嘱咐胡适作一篇改良文学的论文。1916年年底，在美国留学的胡适将其《文学改良刍议》文稿寄给了《新青年》的主编陈独秀，发表在第二卷第五号上。胡适明确提出要"言文合一"，"以白话文学"为"文学之正宗"。《文学改良刍议》

发表之后，陈独秀紧接着在《新青年》第二卷第六号上发表了气势磅礴的《文学革命论》，把文学革命作为解放思想和改造国民性的利器，同政治革命密切结合起来，从此中国文学开创了一个以白话文为主体的新时代。

胡适撰写的《文学改良刍议》从进化论立场提出了文学改良"八事"主张，阐明文学改良应该从八个方面进行，即"须言之有物""不摹仿古人""须讲求文法""不作无病之呻吟""务去烂调套语""不用典""不讲对仗""不避俗字俗语"。因为每一条都是针对封建旧文学的弊端提出的，所以又称"八不主义"。

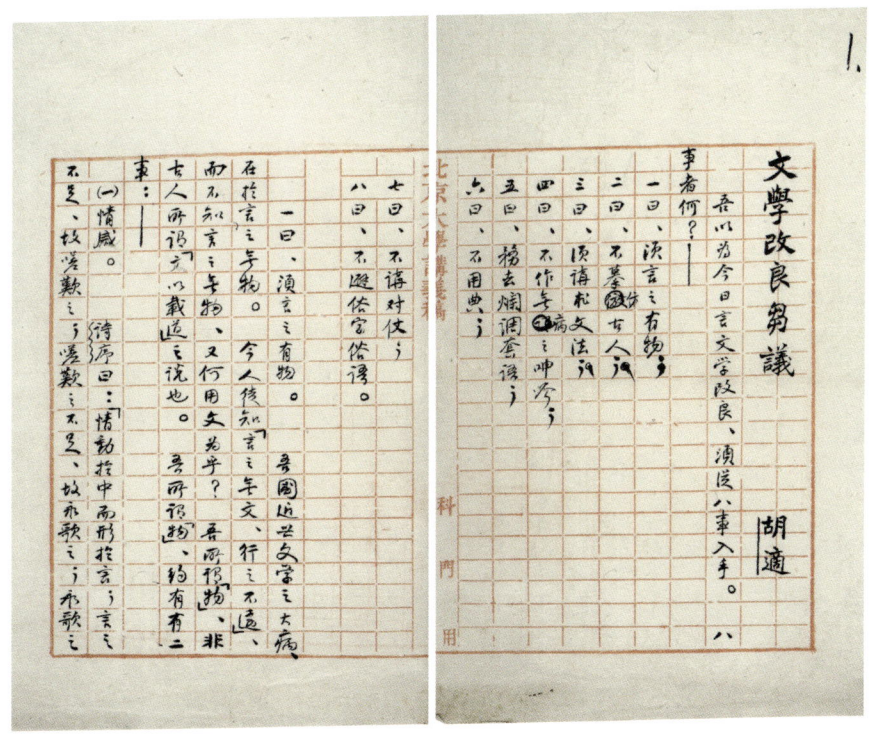

钱玄同抄写的《文学改良刍议》

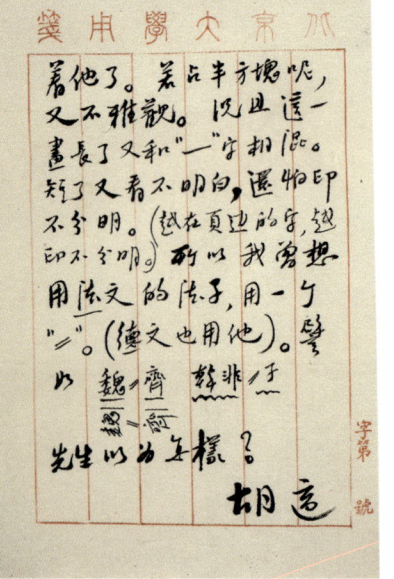

胡适致钱玄同的信。新文化运动的倡导者们认识到标点符号的使用有利于阅读，《新青年》从第四卷第一号起使用新式标点。这是 1917 年 9 月 30 日胡适致钱玄同关于标点符号使用问题的信的其中四页

这"八事"被陈独秀称赞为"今日中国文界之雷音"。

1917年夏天,"暴得大名"的胡适通过哥伦比亚大学哲学系博士学位的考试,在陈独秀的大力举荐下,胡适回国任北京大学教授。胡适进北大第一年,便担任了中国哲学史、西洋哲学史、英文学、英文修辞学诸课讲授工作。第二年又担任了中国名学、中国小说等诸多课程讲授工作,并开设了大量的讲座,此类跨学科授课,科目如此繁多、任务如此繁重,令北大同人们佩服,更是令一些旧派人士瞠目结舌。胡适很快成为北大独当一面的不可多得的教学主力。北大校长蔡元培对这位"旧学邃密""新知深沉"的年轻人很赏识,让他参与了北京大学一系列的改革。胡适辅佐蔡元培先生对北大进行管理体制和教学体制的改革,先后担任了哲学研究所主任、英文教授会主任、英文研究所主任、北大组织委员会委员、北大预算委员会聘任委员和出版委员会委员长以及北大教务长、北大评议会评议员等要职,为学校决策出谋划策。

胡适在北大讲授中国哲学史,原来担任此课的是陈汉章先

1915年夏,胡适在康奈尔大学与梅光迪等留美学生经常书信往来和聚会,讨论中国文学改良问题,试作白话诗,并在诗中第一次使用"文学革命"一语。图为任鸿隽、梅光迪、胡适、杨杏佛(左起)合影

> **红楼小百科**
>
> **胡适白话诗《希望》**
>
> 我从山中来，带着兰花草；
> 种在小园中，希望开花好。
> 一日望三回，望到花时过，
> 急坏看花人，苞也无一个。
> 眼见秋天到，移花供在家；
> 明年春风回，祝汝满盆花！

生，他讲了半年才讲到周公，而胡适直接从周宣王讲起，这种讲授中国哲学史的做法，使得一贯接受传统教育的学生们十分震动，有些学生也对此颇多疑虑，认为胡适不过徒有虚名。北大学生傅斯年，是国学泰斗章太炎弟子黄侃的得意门生，在同学们中间也很有威信，他的同宿舍同学顾颉刚听过胡适的课，就推荐他也去听听。傅斯年听后，跟哲学系的同学说："这个人书虽然读得不多，但他走的这条路是对的，你们不能闹。"这样就平息了一场风波，帮助胡适在北京大学站住了脚。胡适后来在文章中写道："我这个二十几岁的留学生，在北京大学教书，面对着一班思想成熟的学生，没有引起风波；过了十几年之后，才晓得是孟真（傅斯年，字孟真）暗地里做了我的保护人。"

但是，正因为蔡元培校长提倡"思想自由""兼容并包"，北京大学新旧思潮并存，思想主张不同的教授们也经常针锋相对。国学大师黄侃就反对胡适提倡的白话文。有一次，他在讲课中赞美文言文的高明，举例说："如胡适的太太死了，他的家人电报必云：'你的太太死了！赶快回来啊！'长达11字。而用文言文

1920 年 3 月 14 日，蒋梦麟、蔡元培、胡适、李大钊（左起）在西山卧佛寺合影

则仅需'妻丧速归'4字即可，只电报费就可省三分之二。"又一日，黄侃在路上遇到胡适，问道："胡先生你口口声声说要推广白话文，我看你未必出于真心。"胡适闻言不解，问道："黄先生此话怎讲？"黄侃答："如果胡先生你身体力行的话，大名就不应叫'胡适'，而应该改为'到哪里去'才对啊！"胡适听后，竟无言以对。

有一学期，胡适和梁漱溟在同一时刻开课，胡适讲"中国哲学史"，梁漱溟讲"东西文化及其哲学"。胡适在楼上，梁漱溟在楼下。在当时的学生看来，胡适是留美的洋博士而大讲中国哲学，梁漱溟作为一名穿着布鞋布袜的"土学者"而高谈东西文化、西洋文明，根本就有点滑稽。但两人都能讲得头头是道，所以都非常叫座。两人在讲课时经常唱对台戏。胡适对学生说：梁漱溟连电影院都没进去过，怎么可以讲东西文化、印度哲学，岂不是笑话？梁漱溟则说：胡适根本不懂什么叫哲学，正犯着老圣人"学而不思则罔，思而不学则殆"的毛病。但这并不妨碍两人平日的交往，学生也都十分佩服这两人的学问。

  风度翩翩的年轻教授胡适，以其深厚的学识、敏锐的思维和侃侃而谈的课堂风采，成为北京大学红楼里的一颗新星。

呐喊
一个文学巨匠横空出世

新文化运动时期的鲁迅

鲁迅（1881—1936），原名周树人，字豫才，浙江绍兴人。1918年，鲁迅发表了具有划时代意义的第一篇白话小说《狂人日记》，以文学的形式揭露人性的阴暗与旧礼教"吃人"的本质。同时鲁迅参与《新青年》的编辑工作，成为新文化运动的主将之一。

1918年到1926年间，鲁迅陆续创作了小说集《呐喊》《彷徨》，杂文集《坟》《热风》《华盖集》，散文诗集《野草》，回忆性散文集《朝花夕拾》等专集。其中，1921年12月发表的中篇小说《阿Q正传》，是中国现代文学史上的不朽杰作。

《新青年》同人为推广新文学做了大量建设性的工作，《新青年》自第四卷第一号起，完全用白话文出版，新知识分子们写下大量白话文和新诗，让读者了解新文学"新"在何处。但真正使新文学完全站住脚的，是鲁迅小说的发表。

《狂人日记》的创作地，北京宣武门外南半截胡同绍兴会馆补树书屋

1917年夏，文学素养深厚的周树人在教育部任职，住在北京南城的绍兴会馆，业余时间以抄古碑排遣寂寞。他的同学、新文化运动的"闯将"钱玄同经常拜访他。

那时偶或来谈的是一个老朋友金心异，将手提的大皮夹放在破桌上，脱下长衫，对面坐下了，因为怕狗，似乎心房还在怦怦的跳动。

"你钞了这些有什么用？"有一夜，他翻着我那古碑的钞本，发了研究的质问了。

"没有什么用。"

"那么,你钞他是什么意思呢?"

"没有什么意思。"

"我想,你可以做点文章……"

……

于是我终于答应他也做文章了,这便是最初的一篇《狂人日记》。从此以后,便一发而不可收,每写些小说模样的文章,以敷衍朋友们的嘱托,积久了就有了十余篇。

这位"金心异"即钱玄同,他对于中国第一篇白话文小说《狂人日记》的诞生无疑是有推动作用的。钱玄同也曾回忆:

我因为我的理智告诉我,"旧文化之不合理者应该打倒","文章应该用白话做",所以我是十分赞同仲甫所办的《新青年》杂志,愿意给它当一名摇旗呐喊的小卒。我认为周氏兄弟的思想,是国

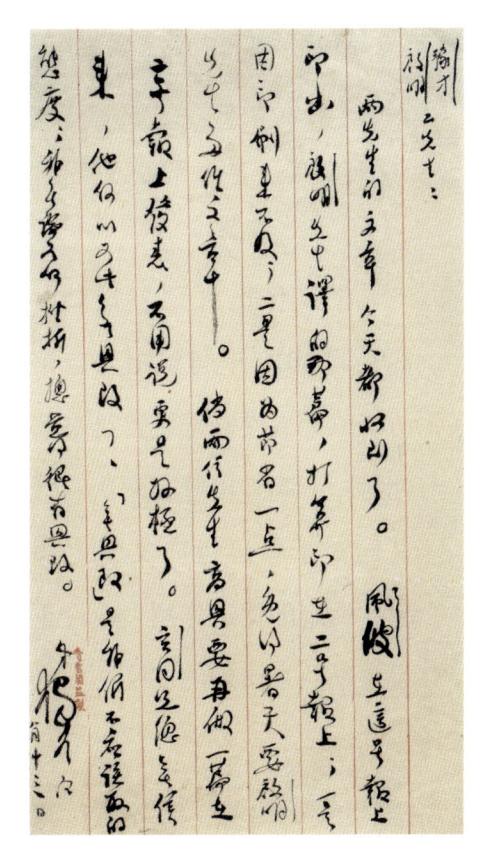

陈独秀致鲁迅、周作人信

内数一数二的，所以竭力怂恿他们给《新青年》写文章。

这里提到的仲甫即陈独秀，启明即周作人，豫才即周树人。与兄长周树人同居绍兴会馆的周作人的回忆则更详细而形象：

其中只有一位疑古先生，即是《呐喊》序中之金心异，常来谈天，……他原是"民报社"听讲的同学，一向很能谈话，在太炎讲了之后，他常常请益，虽然盘脚坐在席上，却有不觉膝前之势，鲁迅与许季茀曾给他起绰号叫作"爬来爬去"，他以这种气势向鲁迅进攻，鲁迅响应《新青年》运动，开始写小说，这在《呐喊》上边曾经说明，读者自当还都记得。

据《鲁迅日记》记载，钱玄同1918年间到绍兴会馆访谈三十五次，寄给鲁迅书信九封，一起外出赴宴两次。钱玄同对于鲁迅迈向文学之路起了一定的促进作用，也许正是鲁迅后来厌烦的"唠叨"。

"假如一间铁屋子，是绝无窗户而万难破毁的，里面

《呐喊》书影

有许多熟睡的人们,不久都要闷死了,然而是从昏睡入死灭,并不感到就死的悲哀。现在你大嚷起来,惊起了较为清醒的几个人,使这不幸的少数者来受无可挽救的临终的苦楚,你倒以为对得起他们么?"

"然而几个人既然起来,你不能说决没有毁坏这铁屋的希望。"

1918年5月15日,周树人在《新青年》第四卷第五号发表《狂人日记》,并第一次使用了"鲁迅"这个笔名,"鲁迅"从此横

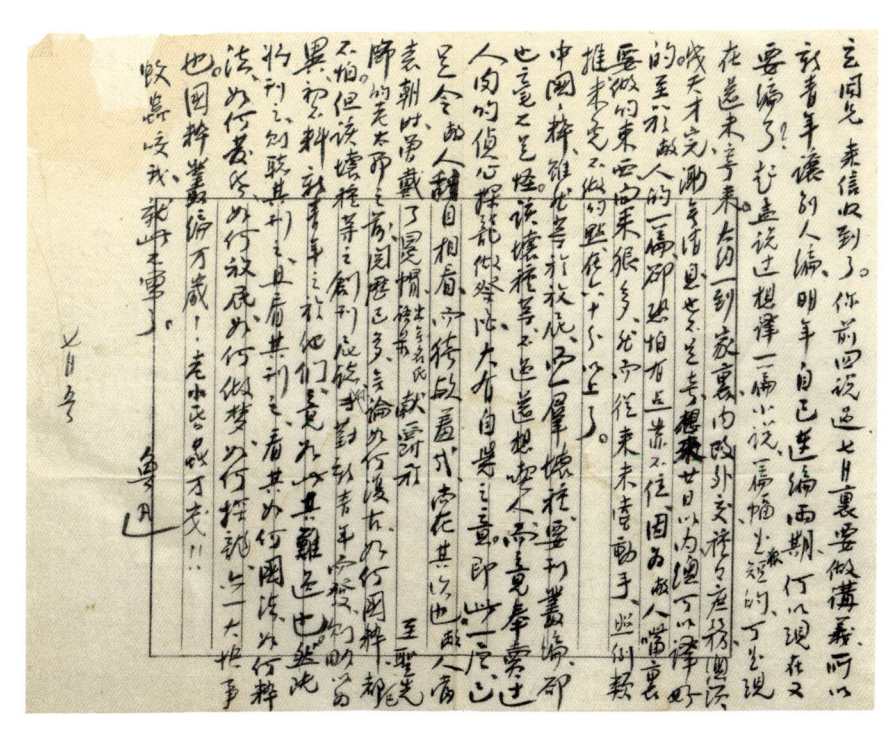

鲁迅致钱玄同信

空出世，并一发不可收，终成一代文学巨匠。

《狂人日记》这篇小说用日记体的形式记叙了一个患"迫害狂"的病人在病中的所见所想，刻画了一位文化先觉者的形象。这篇小说发表后，因为其"表现的深切和格式的特别"，颇激动了一部分青年读者的心。

所谓"格式的特别"，那是因为中国以前没有日记体小说，只有笔记体和章回体小说，笔记体是"采风式"的，章回体是"说书式"的，都采用第三人称讲述故事，而《狂人日记》没有完整的故事情节，只以十三则不著年月的日记，连缀一个"迫害狂"患者的一系列变态心理、幻觉和言行，全部采用第一人称，袒露主人公的内心世界，彻底打破了传统小说叙述故事有头有尾、人物由生至老的写法。

所谓"表现的深切"，即小说思想内容的深刻。小说借狂人之口深刻揭露封建礼教的黑暗，批判国民的麻木愚昧，召唤国民的觉醒。他写透封建礼教的罪恶："我翻开历史一查，

《狂人日记》发表在《新青年》第四卷第五号上

鲁迅赴日留学后，1903年在弘文学院剪辫后留影和剪发照题诗手迹

这历史没有年代，歪歪斜斜的每叶上都写着'仁义道德'几个字。我横竖睡不着，仔细看了半夜，才从字缝里看出字来，满本都写着两个字是'吃人'！"在所谓的"忠""孝"面前，人就可以自相残食，像动物那样吃掉自己的同类，不知残忍为何物！他鞭挞国人的麻木愚昧："他们——也有给知县打枷过的，也有给绅士掌过嘴的，也有衙役占了他妻子的，也有老子娘被债主逼死的"，然而，他们不但没有起来反抗吃人的人，反倒也要吃人。先觉者没有忘记自省：生活在这样的社会里，"我未必无意之中，不吃了我妹子的几片肉"。但毕竟还有希望，因为还有"没有吃过人的孩子"，在文章的最后，他大声疾呼"救救孩子"，号召人们

第二部分　文学革命，思想启蒙

向中国传统社会中的"恶"宣战。

《狂人日记》长期以来被认为是中国现代文学史上第一篇白话小说,其实在《狂人日记》之前,已经有不止一个人,不止一次,用白话文发表过小说,但只有《狂人日记》产生了划时代的影响,它的出现就好像在中国上空打了一个霹雳一样,整个天幕好像被撕开了,从此现代文学的新时代到来了。这之后,鲁迅"一发而不可收",连续在《新青年》等刊物发表创作的小说。《孔乙己》《白光》表现科举制度对人的毒害和人世间的冷漠,《药》揭示民众

红楼小课堂

罗曼·罗兰评价《阿Q正传》

1926年1月12日,罗曼·罗兰给《欧罗巴》主编巴查尔什特写了一封荐稿信,信中谈了他对小说《阿Q正传》的看法:"这是乡村中的一个穷极无聊的家伙的故事。这个人一半是流浪汉,困苦潦倒,被人瞧不起,而且他确实也有使人瞧不起的地方,可是他却自得其乐,并且十分自豪(因为一个人既然扎根于生活之中,就不得不有点值得自豪的理由!)。最后,他被枪毙了,在革命时期被枪毙,不知道为什么。使他郁郁不乐的却只有一件事,那就是当人们叫他在供词下边画一个圆圈时(因为他不会写自己的名字),他的圈圈画不圆。这篇故事的现实主义乍一看好似平淡无奇。可是,接着你就发现其中含有辛辣的幽默。读完之后,你会很惊异地察觉,这个可悲可笑的家伙再也不离开你,你已经对他依依不舍。"

的愚昧，《风波》描绘旧乡绅的丑恶嘴脸和农民与革命运动的隔膜……其中，连载于《晨报》副刊的《阿Q正传》影响巨大，《阿Q正传》通过一个贫苦农民在日常生活以及在革命浪潮中的表现，揭示中国国民性。这些作品，后来收入鲁迅的第一本小说集《呐喊》。

双簧

这两个人演的什么戏?

新文化运动时期的钱玄同和刘半农

钱玄同（1887—1939），浙江吴兴（今浙江湖州市）人，中国语言文字学家。早年留学日本，后任北京大学、北京师范大学教授，参加新文化运动，提倡白话文，致力于国语运动和汉字改革，曾创议并参加拟制国语罗马字拼音方案。

刘半农（1891—1934），江苏江阴人，中国诗人、语言学家。1917年到北京大学任法科预科教授，并参与《新青年》杂志的编辑工作，积极投身文学革命，提倡白话文。

1917年，胡适、陈独秀等人在《新青年》上发表文章，提出"文学革命"的口号，向旧文学开战。保守派们虽然反对新文化运动和文学革命，却暂时没有人公开出来表示反对，因而在思想界、舆论界并没有形成争鸣的局面。连鲁迅都说："那时仿佛不特没有人来赞同，并且也还没有人反对，我想，他们许是感到寂寞了。"

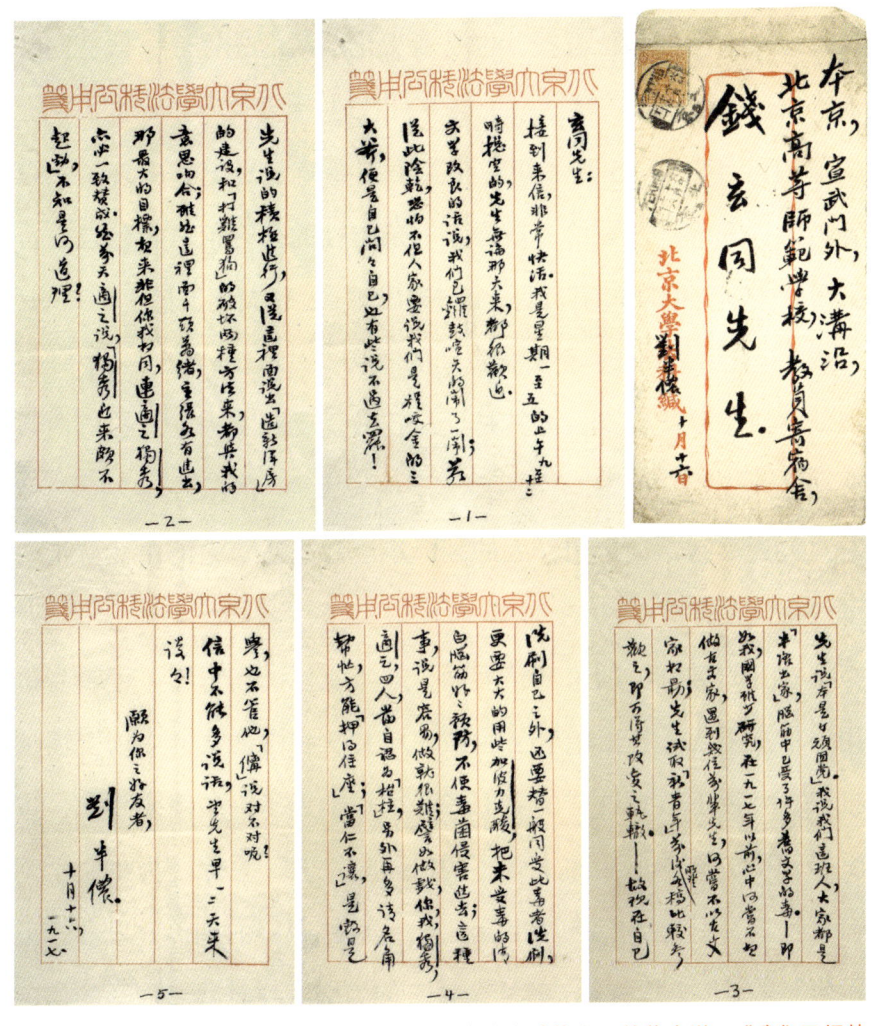

刘半农致钱玄同的信。1917年10月，刘半农在致钱玄同的信中说："我们已锣鼓喧天的闹了一闹；若从此阴干，恐怕不但人家要说我们是程咬金的三大斧，便是自己问问自己，也有些说不过去罢！"这封信为1918年3月在《新青年》上演的"双簧戏"拉开了序幕

第二部分 文学革命，思想启蒙

此时最需要反响——特别是来自"反"的那一方面的"响"。为了打破这沉寂的局面,造成文学革命的声势,巩固文学革命的成果,当时北京大学的两位教授,也是新文化运动的先锋——钱玄同和刘半农——就商量着制造一个事件,借以扩大新文学革命的影响。

1918年3月15日《新青年》第四卷第三号上就出现了一篇署名为"王敬轩"写给《新青年》杂志社的公开信,全信以文言文写就,共计4000余字,以一个封建思想、封建文化卫道士的口吻,历数《新青年》杂志和新文化运动的罪状,认为《新青年》杂志"提倡新学,流弊甚多",尤其是反对孔教,反对文言文,提倡白话文和标点符号,更提出"选学妖孽,桐城谬种"的口号,"王敬轩"对此大为不满,又把周作人的翻译小说和胡适等人的白话诗批驳了一番,大有挑衅意味。

在"王敬轩"的公开信后面,刘半农以《新青年》记者身份用白话文复信《答王敬轩》,站在新文学和白话文的立场上逐条批驳,批评王敬轩这样的守旧者是"不学无术,顽固胡闹",进一步阐明了文学革命的主张。两信同时发表,总标题为《文学革命之反响》,引起了广泛的社会注意,收到了很好的宣传效果。此"王敬轩"其实是个冒牌货,其实是钱玄同为引人注意冒名而写的信,与刘半农唱起了"双簧",而且最后是真刘半农骂倒假"王敬轩",正式拉开了新文学与封建复古主义思潮斗争的序幕。"双簧信"演变成了一个公共话题,引起顽固派的反击,最终将新文化运动的理念从书斋推广到大众之中,新文化运动开始披荆斩棘地迅速发展。

钱玄同能假扮"王敬轩",是因为他生于书香门第,从小受到过严格的封建文化教育,同时又是著名古文学家章太炎、今文学家崔适的入室弟子,是一个旧学功底深厚的语言文字学家,青年时期留学日本。可以说,旧学新知集于一身。作为文学革命最早的响应者之一,钱玄同主张写文章不用典,采用白话文,主张行文要左行横迤,采用新式标点符号,文学作品提倡现实主义风格,

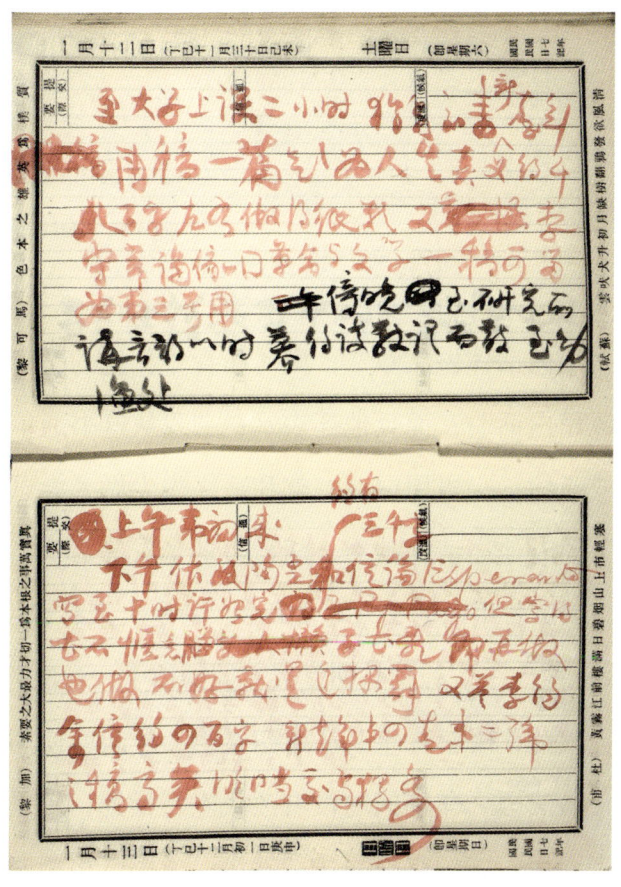

钱玄同日记。1918年1月12日,钱玄同在日记中关于编辑《新青年》的记载:独秀交来《新青年》用稿一篇,题为《人生真义》,约千八百字左右,做得很精。

第二部分 文学革命,思想启蒙

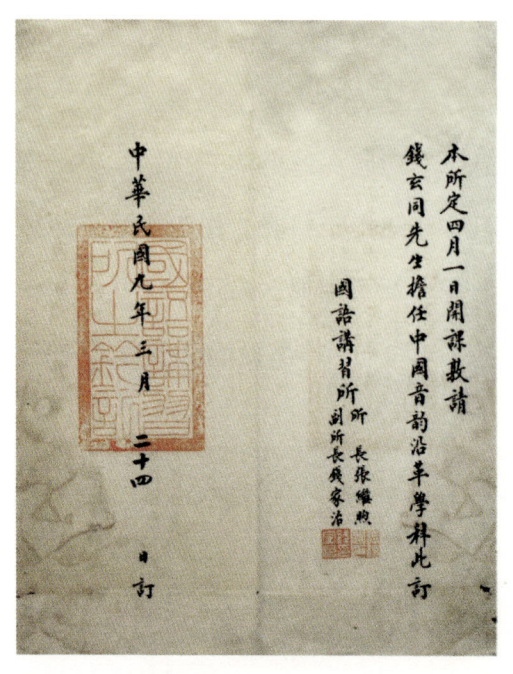

国语讲习所聘钱玄同担任中国音韵沿革学科的聘书

应用文改革提倡数目用阿拉伯数字、纪年用世界通用的公元纪年等。钱玄同曾给陈独秀写信，提议《新青年》从第四卷第一号起改用左行横迤，且用西式的标点符号，因为"《新青年》杂志拿除旧布新做宗旨，则自己便须实行除旧布新"。《新青年》"既然绝对主张用白话体做文章"，则《新青年》里的文章，"便应该渐渐的改用白话"，而且他还表示："我从这书通信起，以后或撰文，或通信，一概用白话，就和适之先生做《尝试集》一样的意思。"同时他还请陈独秀、胡适、刘半农等为《新青年》撰文的各先生都试着用白话文来写文章，"若是大家都肯'尝试'，那么必定'成功'"。陈独秀回复钱玄同的信中，对他的提议"十分赞成"。因此，《新青年》从第四卷第一号起就使用新式的标点符号了，虽然因为印刷问题没有改成左行横迤，但是"这是中国直行汉字而用新式标点符号排印的第一本书，出版时，许多人一见就哈哈大笑，以为怪物"。钱玄同被人称为文化激进主义者主要还是因为他提出的"废除汉文"和"全盘西化"的主张，表现出叛离传统和模仿西方的激进趋向。他一直坚持"用石条压驼背"的方法来促进新文化的推进，鲁迅就认为正是由于钱玄同的激进思想，使得反对派大受刺激，"便放过了比较的平和的文字革命，而竭力来骂钱玄同。白话乘了这一个机会，居然减去了许多敌人，反而没有阻碍，能够流行了"。

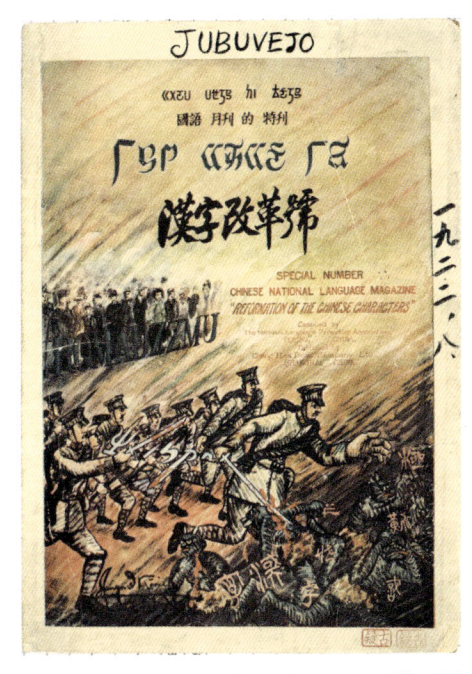

1923年，钱玄同等学者编辑出版的《国语月刊》特刊"汉字改革号"

刘半农是实验语音学专家，早先是"鸳鸯蝴蝶派"，中学肄业却在北京大学任教。刘半农天资聪颖，国学功底深厚，长于写作，阅读广泛，又自知资历浅，更加认真备课，很快就得到学生的认可。但是没有学历的刘半农还是遭到留美博士胡适的轻视，愤而弃北大教授之职到欧洲留学，终于考得一个法国国家文学博士回来。刘半农更是凭着一曲《教我如何不想她》名声大噪。"她"字是刘半农在现代汉语中首次提出专指女性，新文化运动初期，文学作品中多用"伊"来指代，而刘半农发表了《"她"字问题》，探讨了中国文字中到底要不要一个"她"字，结束了以往书面语言中，第三人称的混乱现象。之后，刘半农作的白话诗《教我如何不想她》，经赵元任谱曲，广为传唱，成为一段佳话。

天上飘着些微云，地上吹着些微风。啊！微风吹动了我头发，教我如何不想她？

月光恋爱着海洋，海洋恋爱着月光。啊！这般蜜也似的银夜，教我如何不想她？

水面落花慢慢流，水底鱼儿慢慢游。啊！燕子你说些什么话？教我如何不想她？

枯树在冷风里摇，野火在暮色中烧。啊！西天还有些儿残霞，教我如何不想她？

刘半农翻译的《茶花女》

当然，钱玄同和刘半农的默契是这出"双簧"的关键，刘半农说钱玄同是他"最老最好的朋友"，说他与钱玄同"我们两个宝贝是一见面就要抬杠的，真是有生之年，即抬杠之日"，并赋打油诗一首以作纪念："闻说杠堪抬，无人不抬杠。有杠必须抬，不抬何用杠。抬自犹他抬,杠还是我杠。请看抬杠人,人亦抬其杠。"后来刘半农英年早逝,钱玄同闻得噩耗,"不禁怔住了",觉得"'刘半农'和'死了'这两个辞儿现在就会联成一句话,怕是谁也不会想到的吧"。十七年老朋友的离开,令钱玄同伤心不已,亦在怀念刘半农的文章中,常提到在《新青年》和"国语运动"中一起战斗的情景。

红楼小课堂

鲁迅回忆刘半农

我已经忘记了怎么和他初次会面,以及他怎么能到了北京。他到北京,恐怕是在《新青年》投稿之后,由蔡孑民先生或陈独秀先生去请来的,到了之后,当然更是《新青年》里的一个战士。他活泼,勇敢,很打了几次大仗。譬如罢,答王敬轩的双镮信,"她"字和"牠"字的创造,就都是的。这两件,现在看起来,自然是琐屑得很,但那是十多年前,单是提倡新式标点,就会有一大群人"若丧考妣",恨不得"食肉寝皮"的时候,所以的确是"大仗"。现在的二十左右的青年,大约很少有人知道三十年前,单是剪下辫子就会坐牢或杀头的了。然而这曾经是事实。

——摘自鲁迅《忆刘半农君》一文

新潮
几个学生搞出了大事情

《新青年》的同盟军

在北大红楼一层东北角的一个房间里，曾经聚集过一群热情的青年，他们将亲自撰写或者是志同道合者所写的文章、诗歌编辑在一起，出版了一本叫《新潮》的杂志，大力鼓吹新文化、新思潮。这本杂志一经问世，就受到读者的广泛欢迎，与《新青年》一道成为新文化运动的重要阵地。

1917年1月，蔡元培就任北京大学校长，实行一系列民主办校的方针，北大校园内有了活泼清新、学术繁荣的氛围，为青年学子们的成长提供了极为有利的环境。时任北京大学图书馆主任的李大钊由于工作关系，和许多热心时事，常到图书馆借书、阅览的学生有更多的交流，他的许多进步思想也通过言传身教影响了青年们。每逢图书馆的新书到时，李大钊都推荐给青年学生们，这些新书也成为师生间相互讨论的最新资料。

1918年秋，住在同一宿舍的傅斯年和顾颉刚，以及他们的同学罗家伦、徐彦之、潘介泉等，因志趣相投几乎每天都聚在一起闲谈。傅斯年回忆说，谈话中他们觉得在北京大学这样的环境下，学生应该自己办几种杂志。因为学生必须有自主的生活，办有组织的事件，这样所学到的知识、所想到的想法才不至于浪费了。而办杂志是最有趣味、对学业最有帮助的事，也是最有益的自主生活。而且他们将来的生活，总离不了教育界和出版界，因此在当学生的时候，办杂志可以当作是一次练习。于是办杂志这件事成了他们谈话时常常挂在嘴边的话题。

　　这些青年办杂志的想法，经过多次讨论，都因为经费方面的原因而搁置起来。后来，徐彦之提议可以请求学校予以支持，他

新潮社部分成员合影

们就和当时北大的文科学长陈独秀商量。陈独秀说，只要你们有办的决心和长久支持的志愿，经济方面可以由学校担负。不久，北大校长蔡元培便批准每月从北大经费中拨钱给他们办《新潮》杂志。

1918年10月的一天，新潮社召开第一次预备会。会上讨论刊物的性质应具备三种"要素"，即批评的精神，科学的主义，革新的文词。会上采纳罗家伦的提议，将刊名定为《新潮》；又按徐彦之的主张，以 The Renaissance（文艺复兴）作为刊物的英文译名，以比附欧洲历史上的文艺复兴，足见当时这批青年人自命不凡的态度。1919年1月1日，《新潮》杂志正式创刊发行。

当然事情也不是一帆风顺的，本来说好由学校

红楼小课堂

罗家伦忆《新潮》杂志

创办者之一罗家伦回忆："民国七年，孟真和我还有好几位同学抱着一股热忱，要为文学革命而奋斗。于是继《新青年》而起组织新潮社，编印《新潮》月刊，这是在这个时代中公开主张文学革命的第二个刊物。……《新潮》的政治色彩不浓，可是我们坚决主张民主，反封建，反侵略。我们主张我们民族的独立与自决。总而言之，我们深信时至今日，我们应当与自决。总而言之，我们深信时至今日，我们应当重定价值标准，在人的本位上，以科学的方法和哲学的态度，来把我们固有的文化，分别的重新估价。"

出资，但是当时北京大学杂志团体方兴未艾，"一时出了几个，更有许多在酝酿中的"，校方不可能一一补助，又不能过失公平，"于是乎评议会议决了一个议案，一律改为垫款前三期"，但是傅斯年等人写信给评议会，强调《新潮》销路很好，而且学校答应《新潮》出资在前，议案在后，最终评议会同意维持以前的方案，即

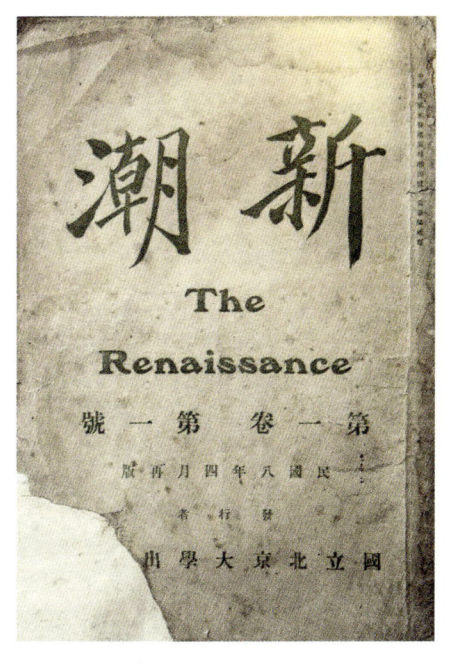

《新潮》杂志创刊号

"发行由北大出版部负责，印刷由该部附设的印刷局负责"，"银钱出入由学校会计课负完全责任，社的干事概不经手银钱"。《新潮》经费比起《国民》和《国故》来都充足和稳定得多。

造成这种局面的原因，是当时北京大学文科主其事者，大部分是《新青年》的同人。《新潮》从人员组成到出刊宗旨，都与《新青年》最为接近，领导者也很受学校负责人的赏识。许德珩曾回忆说："《新潮》和《国民》不同，是受到校方支持的，学校每月给《新潮》四百元，并在校内挂牌子。它比《国民》筹备晚，却能在同一天出版，这都是因为有胡适帮忙。"

新潮社与《新潮》杂志的创办得到了北京大学师长们的热心

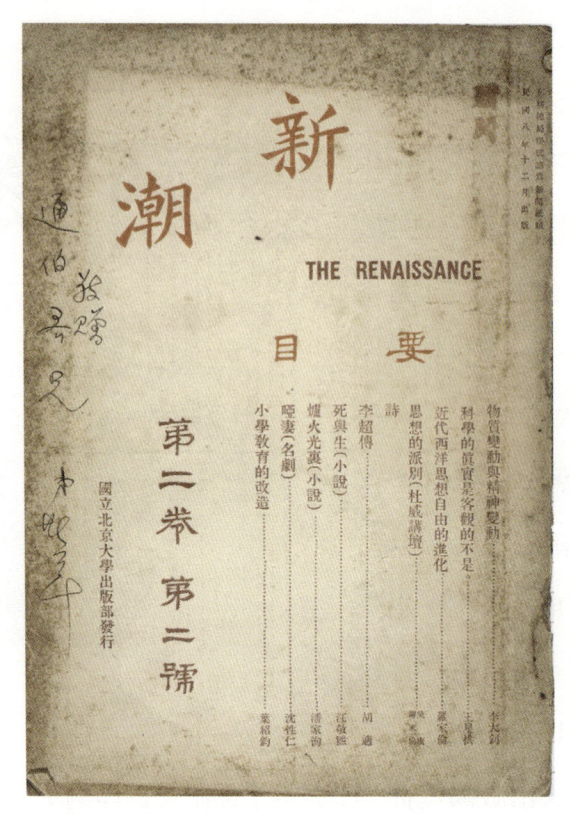

《新潮》杂志第二卷第二号

帮助，胡适担任了新潮社的顾问，李大钊在红楼图书馆提供房间，李辛白帮助开展印刷和发行业务。蔡元培亲自为刊物题写"新潮"两字。正是依靠学校的鼎力支持，《新潮》才能维持创办时"除北京大学的资助外，决不受私人一文钱的资助"的初衷，并且能生气蓬勃地发展下去。《新潮》杂志出版后大受欢迎，各地的代销处也日渐增多，个人、学校、报社、图书馆、教育会、学校附设的贩卖部等代销的居多数，甚至有绸缎庄代销的。到1919年10月，全国代卖处竟达40余处，但即便这样，"顾客要买而不得的很多，屡次接到来信，要求重版"。这不能不说是发行上惊人的成绩。

《新潮》杂志是在《新青年》杂志的影响下诞生的，以反对封建旧文化为主要任务。它提倡个性解放，反对封建礼教和陈腐的士大夫文学；它鼓吹文学革命，站在时代变革的最前沿，提倡白话文学，翻译西洋文字，介绍国外思潮，批评国内问题，为思想革命鸣锣开道。《新潮》杂志内容激进，形式新颖，所以内容和形式两方面都产生了巨大的影响，与《新青年》一起，被称为新文化运动的"二新"。作为由学生自办的刊物，《新潮》杂志更有一种青年学生的激进和初生牛犊不怕虎的气势，也因此遭到不少人的反对，但这些反对意见并不影响《新潮》杂志在青年们心中的地位，反而更增添几分反抗旧传统的勇气和力度。

创办《新潮》的青年学生们，如傅斯年、罗家伦等，也在随后爆发的五四运动中发挥了青年学生领袖的影响和作用。五四运动游行当天，傅斯年担任游行总指挥，风云一时；罗家伦在五四运动中，亲笔起草了《北京全体学界通告》，提出了"外争主权，内除国贼"的口号，并在1919年5月26日的《每周评论》上第一次阐述五四运动的目的及精神。

光荣

大学里有了女学生

《新青年》"易卜生号"

新文化运动先驱们提倡妇女解放,希望通过思想启蒙使封建文化禁锢下的中国女性成为人格独立的新女性。1918年6月,《新青年》第四卷第六号推出"易卜生号",其中发表的名剧《娜拉》译文,将一个全新的个性解放的女性人物形象展示出来,从而掀起了一场宣扬妇女解放的热潮,进一步使中国的妇女问题成为社会关注热点。

五四新文化运动中,妇女解放是主题之一,新文化运动的主将们激烈抨击传统的"三纲五常""三从四德",介绍欧美国家妇女的状况,促进了中国妇女的觉悟及解放。教育是妇女解放的关键,但在当时女性仍没有受高等教育的机会,不少有识之士发起"大学开女禁"运动,鼓吹男女同校。北京大学是中国教育史上第一所给男女学生同等待遇的高等学府。

《新青年》"易卜生号"

  1919年5月，甘肃女学生邓春兰写信给蔡元培，要求北大招收女生，实行男女同读。此时正值蔡元培辞职离京，她的要求一时未能实现，但已引起社会广泛关注。这年9月蔡元培返京复职后，明确表示同意女生入学。1920年2月，一直很想到北大读书的北大学生王昆仑的姐姐、北京女子师范学生王兰，找到时任北大代理教务长的陶孟和请求入学，陶孟和欣然应允她入哲学系旁听。王兰于1920年2月17日获得北大许可，入哲学系一年级成为旁听生。王兰于是成为北大第一个女生，也是中国第一位女大学生。后来又有奚浈、查晓园两名女生也进入北大成为旁听生。至3月11日先后又增加六位女生：杨寿璧、邓春兰、赵懋芸、赵懋华、韩恂华、程勤若。秋季招考时，正式招收女生，以上九名女生均被录取。北大正式招收女生开了先例，影响所及，各地的大学也

红楼小课堂

鲁迅《我之节烈观》

1918年，鲁迅在《新青年》第五卷第二号发表《我之节烈观》，抨击了封建礼教对妇女的迫害。"极难，极苦，不愿身受，然而不利自他，无益社会国家，于人生将来又毫无意义的行为，现在已经失了存在的生命和价值。"文章最后写道：

"我们追悼了过去的人，还要发愿：要自己和别人，都纯洁聪明勇猛向上。要除去虚伪的脸谱。要除去世上害己害人的昏迷和强暴。

"我们追悼了过去的人，还要发愿：要除去于人生毫无意义的苦痛。要除去制造并赏玩别人苦痛的昏迷和强暴。

"我们还要发愿：要人类都受正当的幸福。"

先后招收女生。

到1922年，前后入学的北大女生已有五六十人。但总的来说，当时男女学生比例相差很大，民国期间北大在校女生最多时也就四五十人。"万绿丛中一点红"，北大女生倍加引人注意，为那些埋头苦读的男同学留下了许多美好的回忆。

马珏，北大教授马裕藻的女儿，1928年春入北大预科，1930年入北大政治系，如花似玉，丰仪绝俗，是北大公认的校花。马珏不仅是北大的校花，而且名满北京。九一八事变之后，国际联盟调查团于1932年莅临北平。在学术教育界举行的招待酒会上，马珏担任过总招待，站在团长李顿爵士和胡适先生中间的合影刊载于报纸杂志，北大同学皆引以为荣。待字闺中的美女自然会引人遐想，男同学们各施所能向她表达爱意，并偷偷在背后将马裕藻称为"老丈人"。

北大女生中自然也不乏学有所成、名留青史的，冯沅君和张挹兰是其中的佼佼者。冯沅君是著名哲学家冯友兰的胞妹，原名冯恭兰，改名淑兰，笔名沅君，1922年夏考入北京大学研究所国

1920年北京大学首开大学女禁，招收王兰、奚浈、查晓园（右起）等入校旁听

五四运动后反映妇女生活、工作方面情　《少年中国》第四期"妇女号"
况的刊物《妇女画报》

学门，1925年毕业。在北大上学期间，她连续发表多篇短篇小说，与蜚声文坛的女作家冰心、庐隐齐名，后专门从事古典词曲研究，成为著名的文学史家。张挹兰是著名的革命先驱，1922年夏考入北大预科，后入教育系。她受李大钊等的思想熏陶，投身革命群众运动。1927年4月28日，她与李大钊等共产党员一起被奉系军阀处以绞刑，她是20位遇难者中的唯一女性，并是最后走上绞架者，在目睹了长达3个多小时的残酷行刑过程后，她毫无惧色地从容走上绞刑台，表现了一个革命者视死如归的气概。

第三部分

"外争主权,内除国贼"

——五四运动浪潮

五四运动是新文化运动的继续和发展。新文化运动不仅为五四运动做了思想准备，而且随着五四运动更加深入发展，社会主义思潮逐渐代替资产阶级思潮而成为新文化运动的主流。巴黎和会的外交失败是五四运动的导火索，但五四运动最重要的贡献在于促使中国人民觉醒，唤起国人的爱国热忱。

五四运动是近代中国人民一次彻底的反帝反封建的革命运动。五四运动中，工人阶级登上历史舞台并发挥了巨大历史作用。五四运动促进了马克思主义在中国的传播及其与中国工人运动的结合，从而在思想上和干部上为中国共产党的建立准备了良好的条件。五四运动标志着中国新民主主义革命的开端。

震惊

胜利者的屈辱

梁启超的一封电报

1919年4月30日，英、法、美等大国在巴黎和会上议定将原来德国在山东攫取的特殊权益全部让给日本。紧急关头，梁启超致电外交委员会汪大燮、林长民，建议警醒国民和政府，拒绝在和约上签字。电文称："汪、林二总长转外协会：对德国事，闻将以青岛直接交还，因日使力争，结果英、法为所动，吾若认此，不啻加绳自缚，请警告政府及国民严责各全权，万勿署名，以示决心。"

1914年7月，第一次世界大战爆发，8月23日，日本对德国宣战，经70多日激战，11月7日全部占领德国租借地胶州湾。1915年1月，日本向中国提出"二十一条"，北洋政府在5月9日接纳了其中大部分要求。这个原本日方要求保密的协定，为新闻界所获知，并发布了该协定，激起了中国人民的民族主义情绪，

1914 年进攻青岛的日军炮兵阵地

使中国知识分子及民众对日本以及袁世凯政府强烈不满,认为是国耻,引发了不少反日活动。

1917 年 8 月 14 日,北京政府向德国宣战,成为第一次世界大战的"参战国"。1918 年第一次世界大战结束,德国战败。1919 年 1 月 18 日,战胜国在巴黎召开"和平会议"。中国作为"战胜国"之一参加巴黎和会,由北京政府和广州军政府联合组成中国代表团,派出了陆征祥、王正廷和顾维钧等 5 人组成的代表团出席巴黎和会。

在全国人民舆论的压力下,中国代表团向和会提出了几项合情合理的正当要求:第一,取消外国在中国的某些特权,即废除外国在中国的势力范围,撤退外国军警,裁退外国邮政电报机关,撤销领事裁判权,归还租借地,归还租界,关税自主。第二,取消日本帝国主义同袁世凯订立的企图灭亡中国的"二十一条"。

签订"二十一条"时中日代表合影

第三，归还在第一次世界大战期间被日本抢占的德国在山东侵占的各项特殊权益，将胶州湾租界地、胶济铁路及其他权益直接归还中国。但是，由于日本人的强力争取，最后英、法、美三国代表竟然把本应由战败国德国交还给中国的其在山东攫取的各项特殊权益转给了日本。更令人愤怒的是，北京政府竟准备在这样的"和约"上签字。

1919年4月，从遥远的巴黎不断传来外交失败的不幸消息，中国又一次走到了有关生死存亡的关键时刻。4月中旬，驻日公使章宗祥请假回国，日本政界要人和其他国家驻日使馆多人到车站送行。这时，数百名中国留学生突然出现。章宗祥夫妇很惊讶中国学生何以对其有如此好感，等到大队学生过来，才发现是前来质问他为什么要与日本订立卖国的条约。然后，学生们把手持的写有"卖国贼章宗祥"字样的小旗子纷纷投向章宗祥所在的车

巴黎和会场景

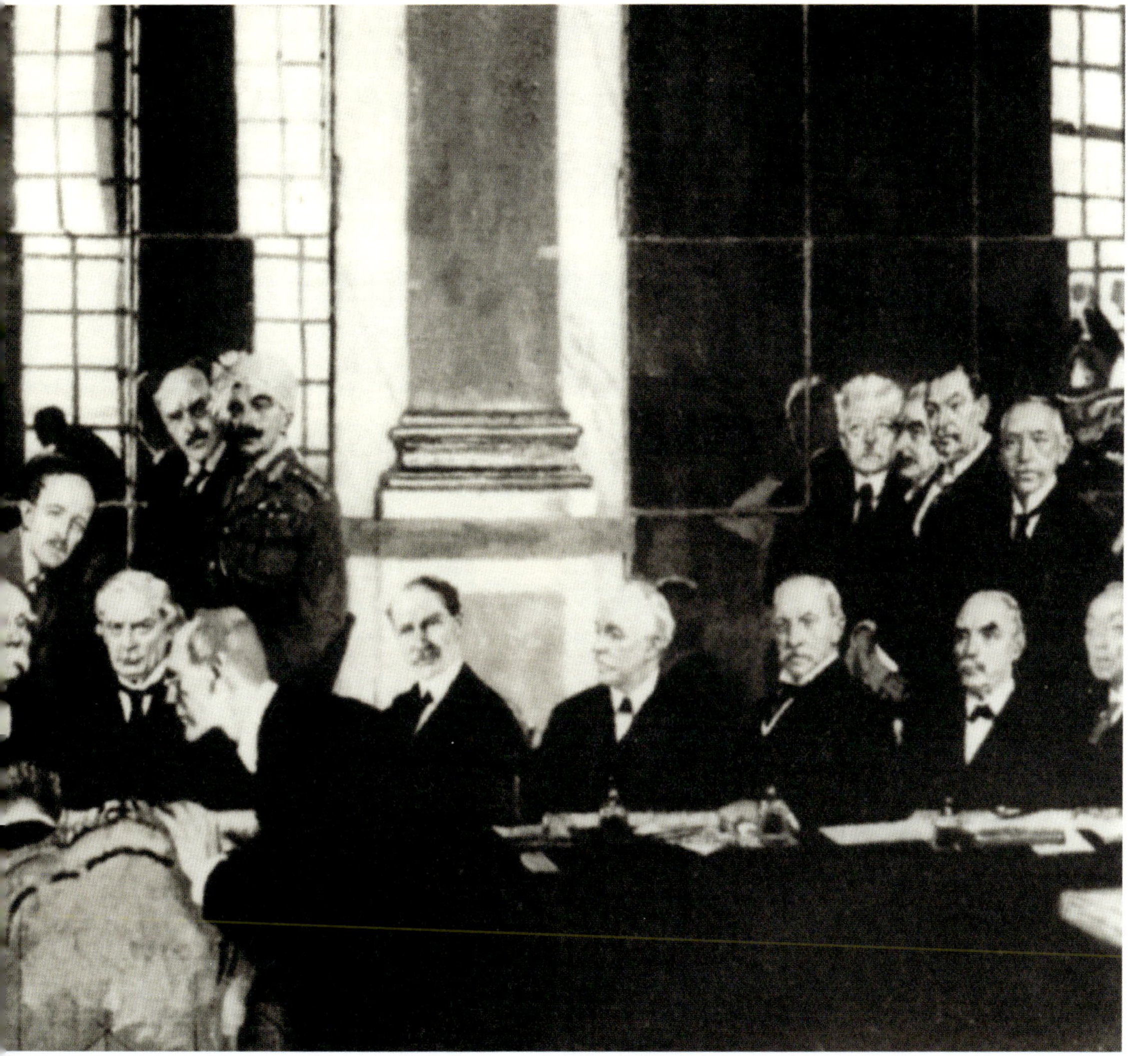

厢。章宗祥夫妇大为愕然。4月20日，有切肤之痛的山东民众10余万人在省城济南召开国民大会，并向参加巴黎和会的中国代表发去电报，电报中说："现闻我国军阀及二三奸人阴谋卖国，示意退让，东人闻之，异常愤激"，表示将"誓死力争，义不反顾"。

山东民众和东京留学生的行动很快通过电讯传到了北京。北京大学学生也召开了一次会议，会上发动了捐资活动，用所集资金向巴黎中国代表拍发电报，要求他们坚持维护国家权益。北京学界多次召开秘密会议，商议更加积极的行动方案。

山雨欲来风满楼，一场轰轰烈烈的反帝爱国运动即将爆发。而巴黎和会上中国外交的失败，就是这场运动爆发的直接导火线。

红楼小课堂

美国驻华公使芮恩施的回忆

中国人对巴黎和会曾经满怀期待，尤其对美国总统威尔逊寄予厚望。曾任美国驻华公使的芮恩施回忆说：世界上可能没有任何地方像中国这样对美国在巴黎的领导抱着如此大的希望。中国人信任美国，信任威尔逊总统时常宣布过的原则，他的话语传播到中国最远的地方。正因为如此，那些控制巴黎和会的老头们的决定，使中国人民有着更强烈的不安和惊醒。我一想到中国人将如何来接受这个打击，来接受这摧毁他们对国际平等的希望的打击，就感觉不是滋味和沮丧……

酝酿

为了民族危亡

林长民《外交警报敬告国民》全文

昨得梁任公先生巴黎来电，略谓青岛问题因日使力争结果，英、法颇为所动，闻将直接交于日本云云。

呜呼！此非我举国之人所奔走呼号，求恢复国权，主张应请德国直接交还我国，日本无承继德国掠夺所得之权利者耶。我政府我专使非代表我举国人民之意见，以定议于内折冲于外者耶。今果至此，则胶洲（州）亡矣！山东亡矣！国不国矣！此恶耗，前两日仆即闻之，今得任公电乃征（证）实矣！闻前次四国会议时，本已决定德人在远东所得权利，交由五国商量处置，惟须得关系国之同意。我国所要求者，再由五国交还我国而已，不知因何一变其形势也。更闻日本力争之理由无他，但执千九百十五年（指1915年）之二十一款及千九百十八年（指1918年）之胶济换文，及诸铁路草约为口实。呜呼！二十一款出于胁逼，胶济换文以该路所属确定为前提，不得径为应属日本之据。济顺、高徐草约，为预备合同，尚未正式订定。此皆我国民所不能承认者也。国亡无日，愿合我四万万众誓死图之！

林长民《外交警报敬告国民》

1919年4月30日，总统府外交委员会委员兼事务长林长民接到梁启超关于巴黎和会情况的电报，随即于5月1日写成《外交警报敬告国民》一文，当晚即送达《晨报》，《晨报》于5月2日刊载此文。这篇文章，向大众公开披露了巴黎和会上中国所遭遇的最严重的外交危机，直接引爆了后来的五四运动。"胶洲（州）亡矣！山东亡矣！国不国矣！"文章最后发出呼吁："国亡无日，愿合我四万万众誓死图之！"

就在同一天，北京大学校长蔡元培从外交委员会汪大燮处也得知了巴黎和会的最新消息。蔡元培返回学校，将消息告诉了北京大学的学生领袖许德珩、傅斯年、罗家伦、段锡朋等人，并号召大家在国家生死存亡的关键时刻要奋起救国。

5月3日晚，北京大学的学生和北京高等师范学校、北京高

红楼小课堂

许德珩回忆当时情景

5月2日，我从蔡校长那里听到了这个晴天霹雳的消息，便约集参加《国民》杂志社的各校学生代表，当天下午在北大西斋饭厅召开了一个紧急会议，讨论办法。高工的一位学生代表夏秀峰当场咬破手指，写血书，大家激动得眼里要冒出火来。于是发出通知，决定5月3日（星期六）晚7时在北河沿北大法科（后来的北大三院）大礼堂召开全体学生大会，并约北京13个中等以上学校学生代表参加，计有：北京大学全体学生，清华、高等师范、中国大学、朝阳法学院、工业专门学校、农业专门学校、法政专门学校、医学专门学校、商业专门学校、汇文学校（燕大前身）、高师附中、铁路管理学校等校学生代表。

等工业专门学校、北京法政专门学校等校的学生代表在北大法科礼堂集会，共商对策。会上，《京报》创办人、著名记者邵飘萍发表演说，介绍中国在巴黎和会上外交失败的经过和原因，号召爱国学生挺身而出，"救亡图存、奋起抗争"。而后许德珩、谢绍敏、张国焘等学生代表发言。学生们情绪激昂，北大法科学生谢绍敏悲愤莫名，当场咬破手指，血书"还我青岛"四个大字，会场的气氛顿时沸腾起来。

会议通过四条决议：（一）联合各界一致力争；（二）通电巴黎专使，坚持和约上不签字；（三）通电全国各省市，于5月7日举行游行示威；（四）定于5月4日（星期日）齐聚天安门

《新潮》杂志社旧址。按五四前夜场景复原

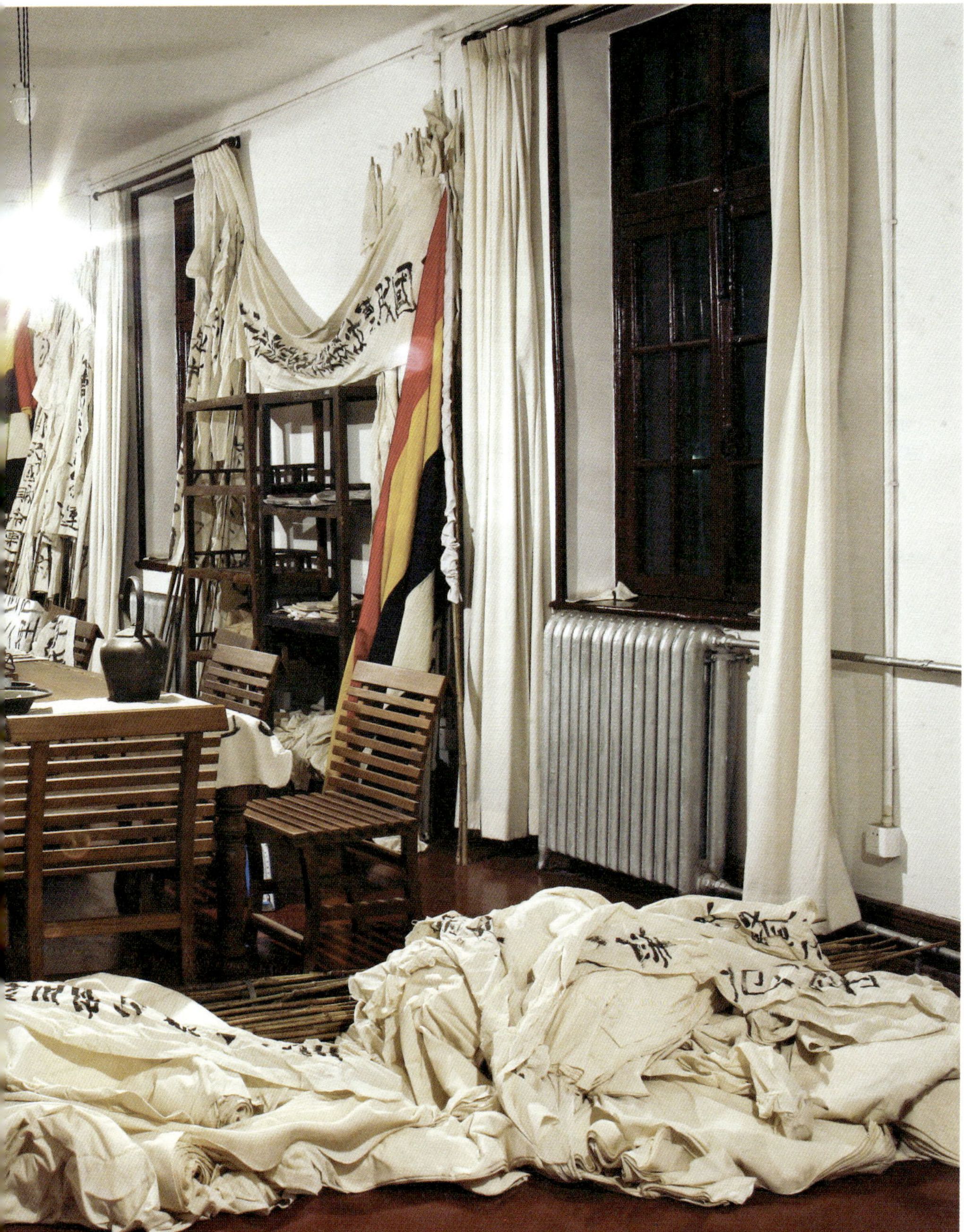

誓死力争 还我青岛

五四运动时散发的传单

举行学界大示威。

会议决定传达到其他学生的时候，已经是晚上11点了。北大西斋的学生们连夜在北大红楼一层东北端的《新潮》杂志社制作标语、旗子。有的学生撕破白床单，做成旗子；有的学生咬破手指，血书标语；有的学生起草宣言、传单和通电。标语写着"收回山东权利""惩办卖国贼""废除二十一条"等内容。这天夜里，北京其他学校的学生团体也举行了集会。

正是以北京大学学生为代表的广大北京高校学生的爱国热情所激发出的无限动力，以及精心策划和周密部署，为五四运动爆发奠定了坚实的基础。

出发

发出我们的呐喊

> **"'五四'那天唯一的印刷品":《北京全体学界通告》**
>
> 罗家伦回忆说,1919年5月4日上午,他刚从北京高等师范学校回到新潮社,有同学推门进来,说当天的运动不可没有宣言,"北京八校同学推北大起稿,北大同学令我执笔。我见时间紧迫,不容推辞,便站着靠在一张长桌旁边,写成此文"。原计划印五万份,"结果下午一时,只印成两万张分散"。"此文虽由我执笔,但是凝结的却是大家的愿望和热情。这是'五四'那天唯一的印刷品。"

1919年5月4日上午,北京大学、北京高等师范学校等13所学校的代表在北京法政专门学校举行了联合会议,讨论游行示威事项,提出"誓死力争,还我青岛""收回山东权利,拒绝在巴黎和会上签字""废除二十一条""抵制日货""宁肯玉碎,勿为瓦全""外争主权,内除国贼"等口号。

北京大学的游行队伍

　　下午1时许，北京大学、北京高等师范学校、北京法政专门学校、北京工业专门学校、北京农业专门学校、北京医学专门学校、内务部高等警官学校、交通部铁路管理学校、税务局北京税务学校、中国大学、汇文大学、民国大学、朝阳大学等13所学校3000多名学生整队向天安门前进发。北京大学作为这次游行示威的发起者，却是最后一个到达天安门的。据当事人回忆，北京大学的队伍在红楼后面的操场列队，正要出发时，教育部代表和军警长官前来劝阻，学生代表邓中夏、黄日葵与之理论多时，最后学生队伍浩浩荡荡走出学校，沿北池子大街向天安门行进。当天最先到达天安门的是北京高等师范学校、汇文大学两校学生，队伍会合后，大家鼓掌欢迎,摇旗呐喊。学生队伍"步伐整齐,仪容严肃"。

学生手拿标语、旗子,上书"还我青岛""保我主权""诛卖国贼曹汝霖、章宗祥、陆宗舆"等。其中最引人注目的是5月3日晚上谢绍敏血书的"还我青岛"旗帜和一面大白旗上写着的一副对联:

卖国求荣,早知曹瞒遗种碑无字;
倾心媚外,不期章惇余孽死有头。
——卖国贼曹汝霖、章宗祥遗臭千古。北京学界同挽。

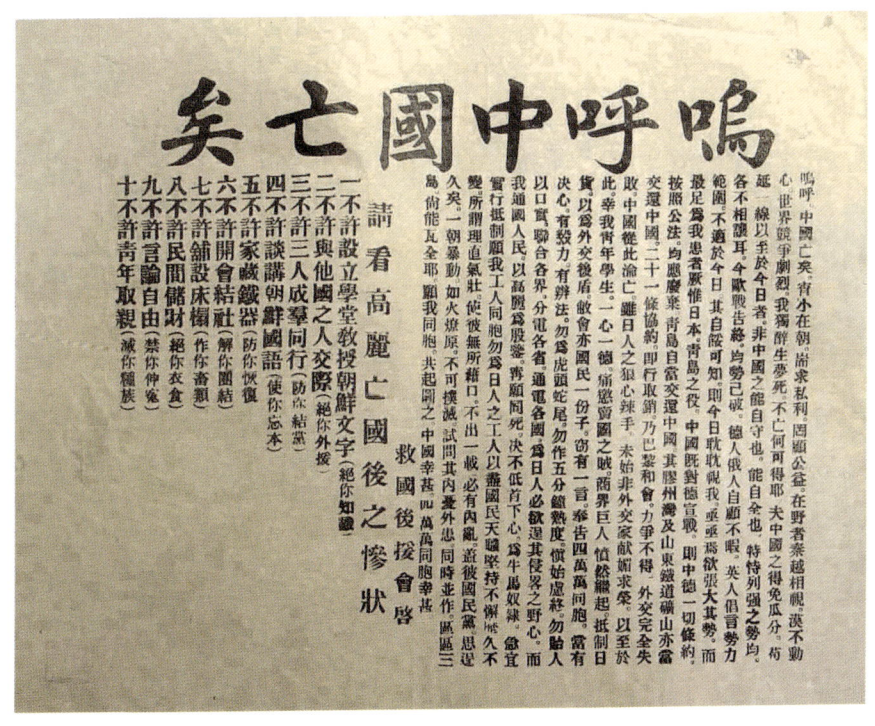

五四传单

学生在广场向群众散发传单，其中流传最广的是北大学生罗家伦所拟的白话文的《北京全体学界通告》：

现在日本在万国和会要求并吞青岛，管理山东一切权利，就要成功了！他们的外交大胜利了！我们的外交大失败了！山东大势一去，就是破坏中国的领土！中国的领土破坏，中国就亡了！所以我们学界今天排队到各公使馆去要求各国出来维持公理。务望全国工商各界一律起来设法开国民大会，外争主权，内除国贼。中国存亡，就在此一举了！今与全国同胞立两个信条道：

中国的土地可以征服而不可以断送！

中国的人民可以杀戮而不可以低头！

国亡了，同胞起来呀！

学生们在天安门举行集会后，下午 2 点 20 分左右开始整队向使馆区东交民巷西口进发，拟向各国驻华使馆请愿示威。八国联军侵华后，1901 年清政府与帝国主义国家签订了丧权辱国的《辛丑条约》，东交民巷被划为使馆界，中国人概不准在界内居住，成为北京城中的"国中之国"。

游行队伍到东交民巷西口时，巡捕房的巡捕手持木棒，坚决不让通过，说只有大总统同意才能入内游行。在游行学生的一再坚持和要求之下，巡捕同意向总统府报告，但近两个小时后，依然没有结果。这时候，天气温度较高，燥热难耐，不得已，学生推举段锡朋、罗家伦、许德珩、狄福鼎四人为代表拜见美国公使。恰好5月4日是星期天，美国公使芮恩施不上班，到门头沟旅行去了。美国大使馆一馆员接待了学生并收下了学生的说帖。随后，学生们又选派代表到英、法、意等国使馆，同样也是碰壁，连意见书都拒绝接受。学生代表走到东头的日本使馆门前抗议，遭到日本卫兵阻止，未能入内。在自己国家的土地上却受外人管制，不能通行，被阻于东交民巷西口的3000余名学生普遍感到屈辱。满腔爱国热血遭遇无情冷遇，怎不让人义愤填膺！

■ 红楼小课堂

为什么我们自己的国土，不准我们的队伍通过？

杨晦当时是北大哲学系的学生，他回忆道：

"这时候，队伍排在路的西边，眼睁睁看着东交民巷的口上，有一个手持木棒的巡捕，来回走着，就是不准我们的队伍通过。青年们的热血沸腾，但是摆在眼前的，却是一个铁一般的冷酷事实：使馆界，不准队伍通过！气炸了肺，也是无济于事的呀！为什么我们自己的国土，不准我们的队伍通过？使馆界！什么是使馆界？是我们的耻辱！

"停了许久，后来说是可以通过了，可是一进东交民巷就往北拐，从利通饭店的后面，悄悄地穿行过去，到了东长安街，停了一下。大家都十分气愤，也十分泄气，说：难道就这样回学校吗？"

愤怒
火烧赵家楼

赵家楼

赵家楼位于北京长安街东端之北,相传原为明穆宗隆庆朝文渊阁大学士赵贞吉所建,后来此处成为曹汝霖的宅第,因五四运动中的"火烧赵家楼"事件而闻名中外。赵家楼所在胡同被称为赵家楼胡同。

在日本驻华使馆抗议受阻后,学生们从东交民巷西口往北拐穿行到了东长安街,这时,有学生喊道:"到赵家楼去!"这个看似计划外的建议获得了众人的呼应。于是,愤怒的人群潮水般地向赵家楼涌去。一些学生还不知道赵家楼,互相打听:"赵家楼在哪儿?""谁住在赵家楼?"当明白赵家楼就是曹汝霖住处后,大家开始高呼口号:"打倒卖国贼!""惩办卖国贼!"游行队伍经东长安街、东单米市大街、石大人胡同、大羊宜宾胡同,直奔赵家楼胡同的曹汝霖住宅。

五四期间北洋大学游行队伍

　　长龙似的游行队伍浩浩荡荡地开进了狭窄的赵家楼胡同，来到曹宅门前，只见大门紧闭，数十名警察在门外把守。由于房屋围墙太高，无法翻入，盛怒之下的学生将标语和白旗掷向院内，高喊："卖国贼曹汝霖快出来！"学生们的情绪越来越激动，但无法冲进门去。混乱中，警察和学生发生了冲突。这时，有身手矫健的同学翻窗进入，将笨重的大门打开。时为北大学生的罗章龙回忆说："我们领头的四五个人见胡同里外已布满军警队伍，曹宅铁门紧闭，没法打开，便想走后门进去。但经研究又觉不行，怕调动中队伍走散了。最后决定派三个人搭人梯，从事先探明的窗子里爬进去。我们陆续攀登进去十余人，其中匡互生、罗汉、

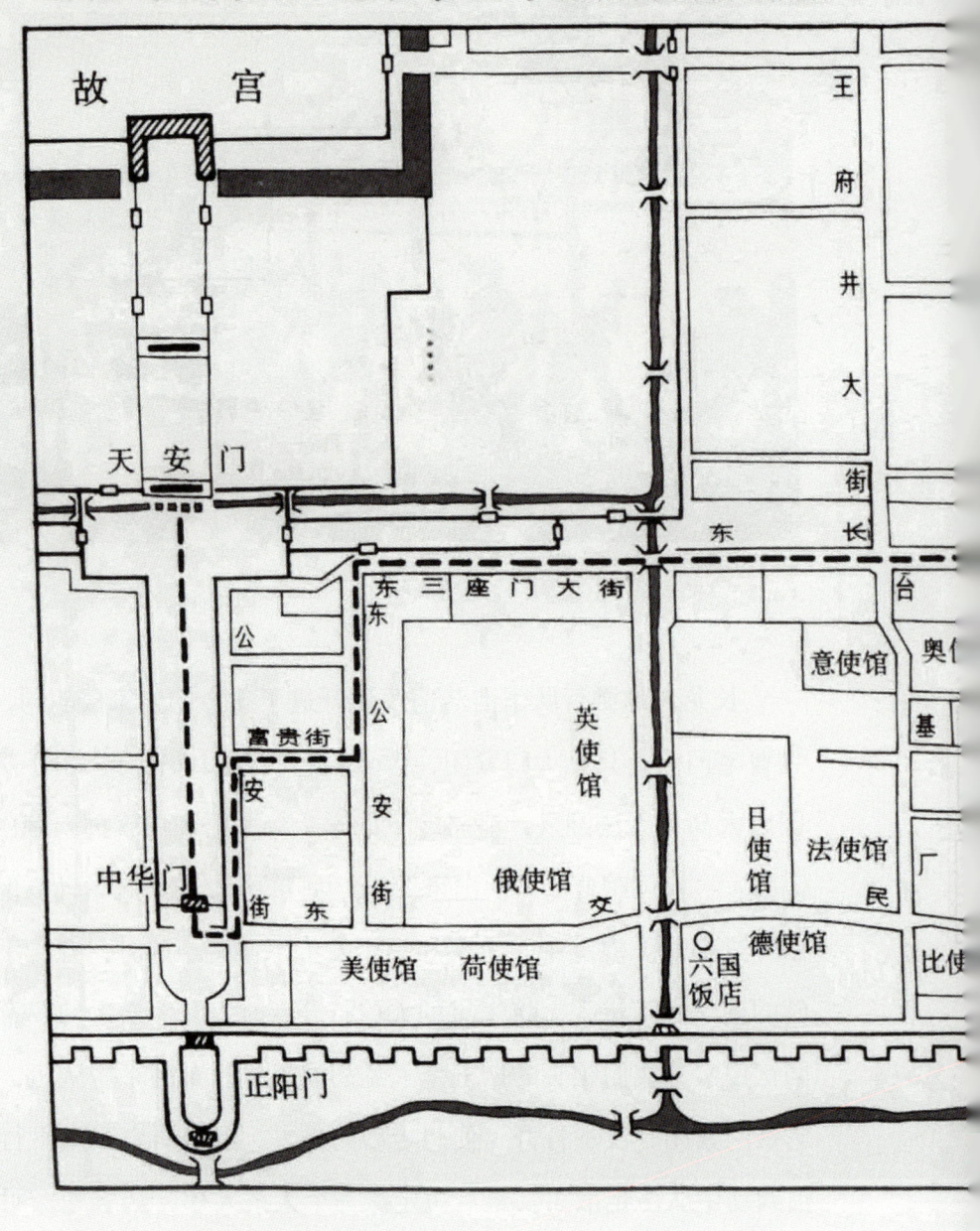

1919年5月4日北京学生示威游行路线图

说　明：

▨▨▨ 是赵家楼所在地。它的东边是北总布胡同，南是赵家楼前街，西是宝珠胡同，北是赵家楼后街。

公安街原名户部街，又称公安前街。东公安街又称公安后街。

富贵街后称南公安街。

米市大街曾称崇文门内大街，即今东单北大街。

石大人胡同后称外交部街。

吴予坚和我都先后由窗口进去了。"随后,学生们像潮水一样涌入曹宅大院。

入曹宅前已传说曹汝霖、章宗祥、陆宗舆三人正在曹家开会,曹汝霖闻声躲进两个卧室间的暗室。学生们进入内厅四处搜寻曹汝霖,但没有找到。

游行的学生中有人发现一个圆脸的人是章宗祥,就向大家喊:"这就是章宗祥!"大家立即向他责问:"你是章公使吗?你是东洋人还是中国人?你为什么甘心卖国,愿意做日本人的奴才?"章宗祥闭口不答。旁边的日本记者中江丑吉却怒目瞪着学生们,样子十分难看。学生们非常生气,举起拳头向章宗祥身上打去。中江丑吉左挡右护,学生们更加气愤,打得更狠了。

四处都找不到曹汝霖,为了给曹汝霖一个教训,愤怒至极的学生点燃了曹宅,顿时火光冲天,烟雾弥漫,这把火对中国历史产生了重大影响。

北京政府出动军警进行镇压,大肆逮捕学生。北京大学的学生许德珩与抓他的警察扭打在一起,双方僵持不下,滚翻在地,许德珩最终被警察捆了起来。北京大学易克嶷为了躲避军警的逮捕,在奔跑中帽子和鞋全都跑丢了,可是他没跑多远,就被警察抓住,用绳子绑上。北京高等师范学校学生杨荃骏,在痛打章宗祥时,看到日本人中江丑吉拼死护住章宗祥,恼恨已极,忍无可忍,上前扯开中江丑吉,并且和他扭打在一起,两人在地上滚来滚去,这时军警赶到,将杨荃骏逮捕了。陈宏勋在曹宅内遭到了军警的

> **红楼小课堂**
>
> ### 被捕学生许德珩的回忆
>
> 大批的人都早已撤离，剩下我们少数想维持秩序整队而行的同学，被他们逮捕了。我和易克嶷被捕后，他们故意侮辱我们，把我们两人捆在拉猪的手推板车上，拉进步军统领衙门（在前门内公安街，当年叫户部街）。……我们32人被囚禁在步军统领衙门的一间监房里，极其拥挤肮脏，只有一个大炕，东西两边各摆着一个大尿桶，臭气满屋。每半小时还要听他们的命令抬一下头，翻一个身，以证明"犯人"还活着。到中午"放风"才能大便，呼吸一点新鲜空气。看守的人每天提一桶开水，每人发一个大窝头。当晚我极为愤怒，口占了两首诗以表心意：
>
> （一）
>
> 为雪心头恨，而今作楚囚。被拘三十二，无一怕杀头。痛殴卖国贼，火烧赵家楼。锄奸不惜死，来把中国救。
>
> （二）
>
> 山东我国土，寸草何能让？工农兵学商，人民四万万。为何寡欺众，散沙无力量。团结今日始，一往无前干。

毒打，他的眼镜被打掉，手表被打坏，胳膊被打得鲜血直流，随后他被军警逮捕。警察在曹宅附近逮捕了几个学生，沿街又逮捕了一些学生。被拘捕的学生被军警用粗绳反缚两手，路上军警就用枪柄、短棍或手掌狠打他们。

最终有32名学生被逮捕，押到警察厅去，其中北京大学20名、

军警逮捕学生

北京高等师范学校 8 名、工业专门学校 2 名、中国大学 1 名、汇文大学 1 名。

这 32 名学生是：熊天祉、梁彬文、李良骥、牟振飞、梁颖文、曹永、陈声树、郝祖龄、杨振声、萧济时、邱彬、江绍原、孙德中、何作霖、鲁其昌、易克嶷、许德珩、潘淑、林公顿、易敬泉、向大光、陈宏勋（后改名陈荩民）、薛荣周、赵永刚、杨荃骏（杨明轩）、唐英国、王德润、初铭音、李更新、董绍舒、刘国干、张德。

营救

支持学生爱国运动

五四运动为中国共产党的建立作了思想上和干部上的准备

在五四爱国运动中，涌现出一批为追求民族独立和国家富强而积极探求救国救民真理的先进分子。数十万学生英勇地走在运动的前头，成为运动的先锋。陈独秀、李大钊等在报刊上发表文章，同许多社团组织和进步青年密切联系，积极指导和推动运动的发展，成为这一运动的著名领袖人物。以陈独秀、李大钊为代表的一批具有初步共产主义思想的知识分子，很快成为中国共产党组织的发起人。

32名学生的被捕，仿佛是一石激起千重浪，社会各方反应强烈。各校学生急于救回自己被捕的同学。对于北京大学校长蔡元培来说，学生被捕，就如同自己的孩子被逮捕一样，既焦虑又痛心。

为有效地组织同学的营救工作，当晚北京大学便成立了学生干事会，黄日葵、邓中夏被推选为干事。1919年5月4日晚上，在北京大学三院礼堂召开学生大会。蔡元培校长到会讲话，他说：

1919年5月5日报纸相关报道

已经过去的事情就不要再提了,当务之急是如何善后。明天请学生们安心上课,作为校长,他一定到警察厅负责把学生们保释出来。但蔡校长对同学们实行总罢课的做法并不赞同。可是,学生们没有采纳蔡校长的意见,仍然坚持罢课的决定,不达到"外争国权,内除国贼"的目的,誓不罢休。

5月5日,北京各校的学生代表聚集北大法科的大礼堂召开会议。大会决议自即日起一律罢课,并通电各方面,请其支援。学生们宣布罢课的理由:各校学生既痛外交之失败,复愤同学之被拘,更有何心研究学问。此理由之一。青岛问题当以死力争,被拘同学亟宜营救,群体奔走,无心学习。理由之二。

下午3时,各校学生又召开了全体联合会。学生代表们向全体同学传达了营救被捕同学的办法和坚持罢免曹、陆、章等卖国贼的要求。以北京大学校长蔡元培为首的北京十几个学校的校长也来到大会会场。蔡元培激动地对同学们说:"国家兴亡,匹夫有责!同学们,你们今天的行动我是完全同情和支持的。被捕的同学,我当联合其他各校校长,全力营救!"

会议商决:先推举代表到警察厅要求释放学生,如警察厅不

《每周评论》"山东问题"专号

街大會被拘留之北京高師愛國學生七日返校時攝影

中華民國八年五月四日北京學

北京高等师范学校欢迎被捕学生返校

第三部分 "外争主权，内除国贼"

允,则往教育部,若教育部不允,则往总统府,总之,不释放学生,誓不终止。

此时,学生被捕的消息已经广为传播,全国各地要求释放学生的电报一天就有十几封。在多方奔走呼吁之下,更加以5月7日"国耻纪念日"就在眼前,如果学生罢课继续下去,实难预料会发生何等事情。6日,经过各界持续努力,警察厅提出两项要求:明日不许学生赴国民大会;明日各校需全体上课。蔡校长等答应以身家性命作保,议定7日放人。

7日上午,开始上课一小时后,被捕的32名学生回到各自的学校。蔡元培和北京大学的全体师生在红楼门口列队迎回北大被捕学生。一个简短的仪式随后在红楼后面的操场举行,所有的人都热泪盈眶。蔡元培校长发表了一个简短的讲话。

被捕学生被营救回校,大家以为这件事情到

> **红楼小课堂**
>
> **孙伏园回忆当时情景**
>
> 孙伏园目睹了北京大学被捕学生的归来,他回忆说:"汉花园红楼北面的广场里放了五张桌子,北京大学全体学生都在广场上等候着被捕同学的归来。不知道从什么地方借来了三辆小汽车,每辆都装满了人,我在红楼门外远远望见三辆小汽车出沙滩来了,即刻回到广场上的同学队伍中,三辆车里面的被捕同学大约十二人至十四人,全体站立桌上和同学见面。情绪紧张万分。因为太紧张了,被捕同学没有一人说话,在校同学也没有一人说话。当时大家只是热泪交流。"

这里就平息了。但是事实远不像人们想象的这样简单。早在5月4日晚内阁紧急会议上，内阁大员们就对北京大学和蔡元培十分不满。段祺瑞指使内阁成员提出要整顿学风，他们首先就是撤换北京大学校长蔡元培。坊间甚至传言当局要解散北京大学。面对这样的情景，蔡元培被逼到了"悬崖"边上。5月9日晨5时30分，蔡元培留下一封信："我倦矣！'杀君马者道旁儿。''民亦劳止，汔可小休。'我愿小休矣！"然后就秘密出京了。

蔡元培出走后，被保释出来的被捕学生马上遭到了审讯。5月10日京师地方检察厅将32名学生传唤到庭进行正式审讯，许德珩等人坚决否认他们烧毁曹宅及殴打章宗祥的行为。5月13日，北京16所高等学校学生到京师地方检察厅自行投案。6月4日，京师地方检察厅侦查终结，将许德珩等32名学生以骚扰罪、放火罪、伤害罪向地方审判庭提请预审。

虽然许德珩等爱国学生被捕案最终以"不起诉"而告终，但此时如火如荼的学生运动风起云涌。星星之火终成燎原之势，在中华大地上熊熊燃烧起来。

胜利
觉醒的中国

让五四精神放射出更加夺目的时代光芒

在2014年纪念五四运动95周年之际，习近平指出："广大青年对五四运动的最好纪念，就是在党的领导下，勇做走在时代前列的奋进者、开拓者、奉献者，以执着的信念、优良的品德、丰富的知识、过硬的本领，同全国各族人民一道，担负起历史重任，让五四精神放射出更加夺目的时代光芒。"

北京政府对学生的政治要求置之不理，逼走了同情学生爱国行动的北大校长蔡元培，并下令禁止学生干预政治，扬言要严厉镇压学生的爱国运动。但学生的爱国行动迅速得到全国各地和社会各界的广泛声援和支持。1919年5月11日，上海成立学生联合会；5月14日，天津学生联合会成立。

5月19日，北京学生再次宣布总罢课，他们组织"十人团"，走上街头向群众讲演，发行《五七周刊》，扩大爱国宣传，并开

北京大学学生在街头讲演

北京大学学生在街头讲演时用的布旗

展提倡国货、抵制日货、组织护鲁义勇军等活动，继续坚持斗争。天津、上海、南京、杭州、重庆、南昌、武汉、长沙、厦门、济南、开封、太原等地学生，在北京各校学生罢课以后，先后宣告罢课，支持北京学生的斗争。

6月1日，北京政府连下两道命令：一道命令表彰被民众斥为卖国贼的曹汝霖、章宗祥、陆宗舆；另一道命令取缔学生的一切爱国行动。这更加激起了学生的愤怒。6月3日，北京数以千计的学生涌向街头，开展大规模的宣传活动，军警逮捕学生170多人。学校附近驻扎着大批军警，戒备森严。第二天又有700多名学生被捕。但是，学生们并未屈服，第三天上街讲演的学生多达5000余人。

6月5日起，上海工人开始自发举行大规模罢工，声援学生的反帝爱国斗争。日资棉纱厂工人率先罢工，随后，上海的电车

上海罢市中的南京路五芳斋

上海工人大罢工

工人、船坞工人、清洁工人、轮船水手、商店店员也相继参加罢工,高潮时达到10万多人。上海的商人也开始罢市。

上海工人罢工波及各地,京沪宁铁路和沪杭铁路工人、京汉铁路的长辛店工人、京奉铁路的唐山工人相继举行了罢工活动。工人罢工的浪潮迅速扩展到全国20多个省100多个城市。罢工工人表示:"签字而山东亡,山东亡而全国随之,亡国大难迫于眉睫。吾同胞忍坐视家国之亡而甘心作奴隶乎?"

至此,五四运动发展成为全国范围的群众性反帝爱国运动。北京政府慑于人民群众的愤怒和威力,于6月7日被迫释放被捕学生,10日罢免曹汝霖、章宗祥、陆宗舆的职务,五四运动取得了初步胜利。

6月11日,陈独秀、高一涵等人到北京前门外闹市区散发《北京市民宣言》,声明如政府不接受市民要求,"我等学生、商人、劳工、军人等,惟有直接行动,以图根本之改造"。陈独秀在散发传单时被暗探逮捕。各地学生团体和社会知名人士纷纷通电，抗议政府的这一暴行。

6月16日，全国学生联合会在上海成立。6月17日，北京政府不顾全国人民的反对，悍然决定准备在巴黎和会和约上签字。全国学联号召广大学生投入拒签和约的斗争。北京、上海等地的学生、工人和市民群众展开坚决拒签和约的斗争。6月18日，山东各界联合会派出各界代表80余人赴京请愿。签约的前一天，即6月27日，巴黎的旅法华工、中国留学生和华侨数百人，包围了巴黎和会中国专使团团长陆征祥处，强烈要求拒绝在和约上签字。

1919年6月11日，天津学生为庆祝胜利的合影

> **红楼小课堂**
>
> **五四青年节的由来**
>
> 为了继承和发扬五四运动以来中国青年光荣的革命传统，1939年，陕甘宁边区的西北青年救国联合会规定5月4日为中国青年节。1949年12月，中央人民政府政务院正式宣布5月4日为青年节。五四运动所倡导的"爱国、进步、民主、科学"精神仍然被当代年轻人所推崇。

6月28日，中国代表没有出席和约的签字仪式，并声明拒绝在和约上签字。这是五四爱国运动取得的又一个胜利。

7月22日，全国学生联合会发布《终止罢课宣言》，宣告终止罢课。7月23日，蔡元培发表《告北大学生暨全国学生书》，充分肯定学生五四救国运动的意义，认为学生"唤醒国民之任务，至矣尽矣，无以复加矣"，同时着重指出学生得受高等教育之不易，要求学生应仍以"研究学问为第一责任"，"尽瘁学术，使大学为最高文化中心"，并答应回北京重任北京大学校长。蔡元培于9月12日回到北京，9月20日正式到北大视事。上午9时，北京大学全体学生及教职员工在法科大礼堂举行欢迎蔡校长回校大会。学生先到就位，秩序井然。校长就席后，全体学生齐刷刷地起立向蔡校长致敬。此时距蔡元培离京，已经过去了4个多月，大家终于等到了这一天！至此，五四运动中学生提出的要求全部实现，五四运动取得伟大胜利！

第四部分

"铁肩担道义，
妙手著文章"

——马克思主义传播与北京共产党早期组织

1917年俄国十月革命胜利，开启了马克思主义在中国传播的历程。在此之前，马克思的名字及其观点虽然已出现于国内一些报刊及著作中，但由于社会条件的制约，这一时期人们还不可能站在无产阶级立场上去接受、领会马克思主义，因而还算不上马克思主义在中国的正式传播。五四运动后，随着新文化运动的深入发展和马克思主义的广泛传播，新文化运动阵营逐渐发生分化，出现了要不要马克思主义、以什么思想改造中国社会的激烈争论。这些新思潮更通过新文化运动的蓬勃发展，荡涤着中国社会，极大地促进了中西文化的交融和人们的思想解放，开阔了国人的视野，在一定程度上促进了中国现代化的进程。随着马克思主义在中国的广泛传播及其同工人运动相结合，直接促使了中国共产党的成立。从此，中国革命的面貌焕然一新。

理想中应有的希望

李大钊传播马克思主义

马克思主义中国化的先驱

李大钊（1889—1927），字守常，河北乐亭人。伟大的马克思主义者，中国共产党的创始人和早期领导人之一。他把马克思主义传入中国并致力于用马克思主义理论来指导中国革命；他如同窃来天火的普罗米修斯，率先在中国大地上高举起马克思主义的火炬，为中国昭示了新的发展方向。他把北大红楼作为宣传马克思主义的阵地，使其成为北京共产党早期组织的活动场所。

1913年冬，李大钊怀揣救国救民之梦，在友人汤化龙和孙洪伊的资助下，东渡日本留学，入东京早稻田大学政治本科学习。在日本三年，李大钊认真阅读了日本早期社会主义思想的传播者河上肇、幸德秋水的著作，开始接触到马克思主义学说，他坚信"人生最高理想，在求达于真理"。他还阅读了大量介绍马克思主义的文章，思想发生了重大转变。

1916年5月，李大钊离开日本回国，应邀出任《晨钟报》（后改名《晨报》）编辑主任，投身于新文化运动。8月15日，他在《晨钟报》创刊号上发表《〈晨钟〉之使命》，第一次正式向国人公开阐述他理想中建立一个崭新民族国家的思想理念："索我理想之中华，青春之中华。"在李大钊看来，当时中国的出路就是要摆脱旧传统、旧观念的束缚，建立一个青春的国家。9月1日，他又在《新青年》第二卷第一号公开发表《青春》一文，有力地批判了国人当时流行的悲观、颓废情绪，寄希望于"青春中国之再生"，展现了中华民族自救解放的伟大力量和中华民族伟大复兴的灿烂前景。李大钊认为能够担当"中华再造"重任的必定是青年，断言中华民族今后能否立足于世界，"不在白首中国之苟延残喘，而在青春中国之投胎复活"，强烈呼唤国人"冲破历史之桎梏，涤荡历史之积秽，新造民族之生命，挽回民族之青春"，勉励青年"进前而勿顾后，背黑暗而向光明，为世界进文明，为人类造

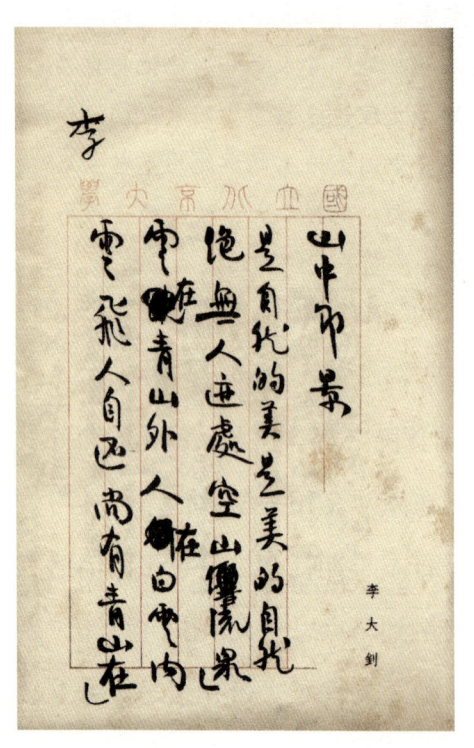

李大钊写的白话诗

幸福，以青春之我，创建青春之家庭，青春之国家，青春之民族，青春之人类，青春之地球，青春之宇宙，资以乐其无涯之生"。

1917年11月7日，俄国十月革命爆发。李大钊敏锐地意识到俄国十月革命对中国革命的重要借鉴意义，开始向中国人民宣传马克思主义，于1918年7月1日发表了《法俄革命之比较观》，颂扬俄国革命，热情讴歌十月革命，以一个进步历史家的眼光，把1917年俄国十月革命与1789年的法国大革命做了比较，指出"俄罗斯之革命是二十世纪初期之革命，是立于社会主义上之革命"。俄国革命预示着社会主义革命时代的到来，是"世界的新文明之曙光"。后李大钊又连续发表《庶民的胜利》《布尔什维主义的胜利》等著名文章，明确宣称第一次世界大战的结局"是民主主义的胜利，是社会主义的胜利，是二十世纪新潮流的胜利"。他满怀豪情地预言："试看将来的寰球，必是赤旗的世界。"他深刻认识到这场革命将对20世纪世界历史进程产生划时代的影响，也从中看到了中华民族争取独立和中国人民求得解放的希望。在宣传俄国十月革命的过程中，他自己的觉悟得到迅速提高，从一个爱国的民主主义者转变为一个马克思主义者，并且成为中国最早的马克思主义传播者。

1918年1月，李大钊出任北京大学图书馆主任。起初，因校内教授级人物多为欧美留学归来者，对于留日生低看一级，而未被聘为教授。

1918年8月北大红楼建成后，李大钊随即组织北大图书馆搬迁至北大红楼，他的办公室位于红楼一层的东南角。图书馆设有编目室、登录室、日报资料收集室、藏报室及书库等，共十四间，此外还有五个阅览室。阅览室与书库相连，占了红楼第一层的全部，使学生的阅读条件得到充分改善。同时进行机构调整，下设登录课、购书课、编目课和典书课。李大钊以此为阵地积极传播马克思主义。

李大钊在日本时接触了不少马克思主义著作，因而在为新图书馆添购新书时，他有意识地从国外购进很多这方面的书籍和有关社会主义运动的重要文献。他为图书馆购进外文原版《共产党宣言》，经陈独秀借出，交给陈望道翻译，在上海出版发行，这是《共产党宣言》的第一部中文全译本。

为弥补《新青年》标榜"不谈政治"而无法密切配合政治斗争进行宣传的不足，1918年12月，李大钊与文科学长陈独秀、文科讲师张申府等，在红楼二层文科学长室创刊《每周评论》，并以此地作为该刊物的编辑部。《每周评论》为李大钊开辟了更加有效的宣传马克思主义的阵地。1919年元旦，李大钊在《每周评论》上发表题为《新纪元》的社论，进一步阐述俄国十月革命的深远历史意义，称之为"洗出一个新纪元来"。他写道："这个新纪元是世界革命的新纪元，是人类觉醒的新纪元。我们在这黑暗的中国，死寂的北京，也仿佛分得那曙光的一线，好比在沉沉深夜中得一个小小的明星，照见新人生的道路。"

1919年5月，李大钊在其主编的《新青年》第六卷第五号上开辟"马克思主义研究专号"，目的在于把马克思主义"转介绍

《新青年》"马克思主义研究专号"　　《我的马克思主义观》

于读者，使这为世界改造原动的学说，在我们的思辨中，有点正确的解释"。在这一期和后来出版的《新青年》第六卷第六号上，连载了他撰写的《我的马克思主义观》一文，充分肯定马克思主义的历史地位，称其为"世界改造原动的学说"。他系统阐述了马克思主义的三个组成部分，即唯物史观、政治经济学、科学社会主义的基本原理，强调阶级斗争学说"恰如一条金线，把这三大原理从根本上联络起来"。这是李大钊对马克思主义在中国广泛传播所做的重大贡献。这篇文章的发表，标志着李大钊由一个爱国的民主主义者转变为一个马克思主义者，也对毛泽东、周恩来、邓恩铭、王尽美、李汉俊等一大批先进青年了解并接受马克思主

第四部分　"铁肩担道义，妙手著文章"　　119

北京大学马克思学说研究会部分成员合影

义起了重大启蒙作用。

五四运动爆发后，李大钊、陈独秀等早期中国共产党人亲身投入并参与领导了这场伟大斗争。五四运动促进了马克思主义在中国的传播及其与中国工人运动的结合，也使马克思主义成为"五四"时期中国社会新思潮的主流，为中国共产党的成立奠定了思想基础和阶级基础。

1920年3月，李大钊在北大秘密发起成立马克思学说研究会，把经过五四运动洗礼的优秀青年组织起来，进一步学习、研究和传播马克思主义。1921年11月，马克思学说研究会公开活动。到1922年年初，马克思学说研究会从最初的19人增至60多人，后来一度发展到200多人。

鉴于李大钊在校内外声誉日益提高，1920年7月8日，北京大学校评议会决定将"图书馆主任改为教授"，李大钊兼任经济、

李大钊在北大红楼的办公室

史学等系教授。从此，李大钊率先在北大文科各系开设唯物史观研究、社会主义史、社会主义与社会运动等马克思主义理论课程。这是中国大学第一次将马克思主义理论列入课程，通过大学讲坛宣传马克思主义。他指导北大学生贺廷珊完成《试论马克思唯物史观的要义并其及于现代史学影响》论文，阐述了马克思唯物史观的基本原理，对各种唯心史观作了批判，并论述了马克思发现唯物史观的重大意义。李大钊宣传马克思主义的舞台更加宽广了。

李大钊在北京大学开设唯物史观课程的试卷

李大钊积极扩充宣传新文化、新思想的书籍，包括许多马克思主义著作。由于他平素谦虚和蔼，待人诚恳，又提供阅读新书的条件，当时北大不少教师和学生都喜欢到图书馆主任室聊天。图书馆主任室分内、外两间，外间作为会客室，内间作为办公室。两间不大的屋子还有个"饱无堂"的雅号，在这个地方"无师生之别，也没有客气及礼节等一套，大家到来大家就辩，大家提出问题来大家互相问难"。不少进步学生常来请李大钊介绍、推荐宣传新思想的书籍，和他讨论、研究各种新思潮，其中包括马克思主义。

红楼小课堂

"饱无堂"

北大红楼一层东南角的套间就是李大钊当年"原汁原味"的办公用房——外屋会客，里屋办公。他为人友善质朴，不少师生都喜欢到这里聊天，北方人居多，他们给这两间斗室起了个雅号"饱无堂"（顾炎武批评北方人"饱食终日无所用心"，取名者以此自嘲）。李大钊虽身为知名教授，但除了一张藤椅和一个茶几，没有一件不必要的陈设。会客室更为简朴，一张大方桌配六把木头靠背椅，桌上茶盘里是粗瓷提梁茶壶和散落的报纸。几乎每天下午3点以后，教授和学生陆续来"饱无堂"，热烈开展学术探讨和时事评论，特别是来了新书时，氛围更为浓郁。

一个青年的思想转变
毛泽东在北大红楼

逐渐成为一个马克思主义者

　　1918年秋和1919年冬,风华正茂的毛泽东两度来京,在北大红楼度过了半年多的时光,虽然时间并不长,但是这段经历对他来说是极为重要的。在年轻的毛泽东看来,在北大红楼既是向新文化运动的先驱人物学习,又是对他自己的一种激励,同时对马克思主义及中国马克思主义先驱的认识和接触更是影响了他的一生。如毛泽东所说:"到了一九二〇年夏天,在理论上,而且在某种程度的行动上,我已成为一个马克思主义者了。"

　　五四运动前后,中国广大青年在帝国主义、封建军阀的压迫下,目睹国势危亡,面临教育遭到摧残,身受失学、失业的痛苦。为了寻找救国图强、改造社会的知识和真理,同时受工读思潮的影响,大批青年积极投入到赴法勤工俭学运动中。以吴玉章、蔡元培和李石曾为首的华法教育会首倡赴法勤工俭学运动,在北京、上海、

1918年4月,毛泽东、蔡和森等在长沙创办新民学会。五四运动后,其宗旨为"改造中国与世界"。图为新民学会部分会员合影

保定等地设立了留法勤工俭学预备学校或预备班,向全国招生。

消息传到湖南后,1918年8月,为组织湖南新民学会会员和湖南学生去法国勤工俭学,毛泽东会同罗学瓒等12人由长沙前往北京。首先住处就是一个大难题,来京的人员只能各自找寻,如罗学瓒暂居湘潭会馆,而毛泽东则借居他在湖南长沙第一师范读书时的伦理学教员杨昌济的家中。杨昌济于1918年春到北京大学任教,住所在鼓楼后豆腐池胡同九号。后来在景山东街三眼井吉安东夹道七号(今为吉安所左巷八号),毛泽东与蔡和森、罗学瓒、陈赞周、罗章龙、萧子昇、欧阳玉山、熊光楚8人共同租到一间

第四部分 "铁肩担道义,妙手著文章"　　125

狭小的普通民房。对此，毛泽东曾回忆道："我们大家都睡到炕上的时候，挤得几乎透不过气来。每逢我要翻身，得先同两旁的人打招呼。"

为了解决生计问题，经杨昌济介绍，毛泽东到时任北大图书馆主任李大钊手下当上了一名图书馆助理员，这是毛泽东到北京后谋求到的第一份工作，每月工资8元钱。当时北大教职员工的薪水以现大洋支取，每月8元钱是什么概念呢？据现存的1919年2月北大教职员薪金底册，蔡元培的月薪是600元，陈独秀的月薪是300元，差距相当大。正如毛泽东自己所说，他的月薪只有8元，连在北大的学生食堂包饭都有困难。后来他还参加了北大的哲学研究会和新闻学研究会，其中新闻学研究会校外会员每年

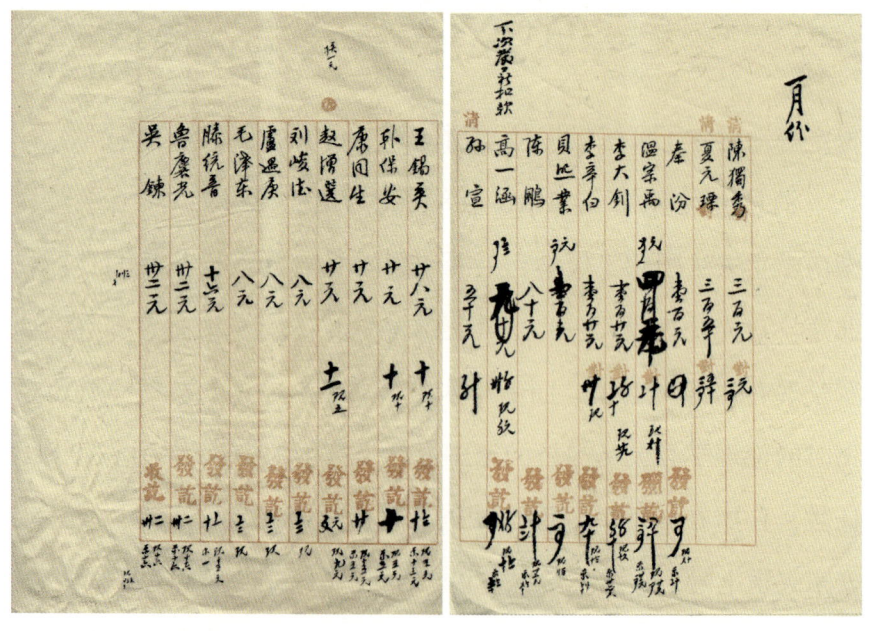

1919年北大职员薪金册

就要交纳现洋8元的会费，正好是他一个月的工资。不过这丝毫没有影响年轻的毛泽东对理想的追求。在北大，毛泽东虽然是薪资微薄的图书馆助理员，但是他"每天到刚刚落成的沙滩红楼一层西头靠南三十一号的第二阅览室即日报阅览室，登记新到报刊和来阅览人的姓名，管理天津《大公报》、长沙《大公报》、上海《民国日报》《神州日报》、北京《国民公报》等15种中外文报纸。这些报纸最大限度地满足了他读报的需求。更何况在红楼里并不仅仅只有这15种中外报纸。

时任北京大学校长的蔡元培积极推行改革，主张各种思想"兼容并包"，提倡学术民主；提倡新文化、新思想，并以近代资产阶级教育制度为蓝本，着手改造封建保守的旧北大。当时北大在校学习的，除正式学生外，还有大量旁听生。1918年北大文科大楼（即红楼）落成，当时有不少知识青年住在红楼附近的公寓或旅店里。他们到红楼教室听课，在红楼图书馆阅读。毛泽东就是其中之一。在中国最高学府听讲学习的机会对于青年毛泽东来说十分难得。因此，他成了以研究新闻学理、增长新闻经验、以谋新闻事业之发展为宗旨的新闻学研究会早期积极会员之一。他经常参加研究会的各项活动，每周听邵飘萍和徐宝璜等讲授的"新闻工作的理论与实践"。对于乐于从事新闻工作的毛泽东来说，这些学习内容都是非常实用的。此外，他还参加了1919年2月19日午后在红楼第三十四教室召开的新闻学研究会改组大会，他同与会的24名会员一起，选举了蔡元培为研究会的会长，徐宝璜

北大新闻学研究会第一届成员合影

为副会长。同时，毛泽东还参加了哲学研究会，阅读和研究了大量的西方资产阶级哲学著作，包括 18 世纪法国唯物主义者的哲学著作。阅读拓宽了他思维的空间。这些中西方观念如此之丰富，它们有时候互相支撑，有时候又互相驳难，这使毛泽东深深为之吸引。

在北大图书馆工作期间，毛泽东一面认真工作，勤奋学习，一面完成此次来京的最初任务——帮助新民学会会员和湖南学生开展赴法勤工俭学活动。当时北大也设立了赴法勤工俭学预备班，蔡元培兼任华法教育会会长，积极组织中国学生去法国勤工俭学，

1918年12月，高等法文专修馆师生欢送同学赴法留学合影。后排中为毛泽东

李大钊是积极赞助者之一。毛泽东代表湖南学生和他们商议这方面的事情，同时为帮助湖南学生到赴法勤工俭学预备班学习四处奔走。1919年3月，毛泽东送走第一批湖南赴法勤工俭学学生。

在完成来京任务的同时，毛泽东在北大见到了许多他在各种报刊上看到的新文化运动的主将以及风云一时的学生领袖，如傅斯年、罗家伦等。对他影响最大的还是李大钊、陈独秀、胡适这些新文化运动的领军人物。毛泽东积极寻找机会与这些进步人物接触，通过与他们交谈不断汲取新的营养。作为毛泽东直接上司的北大图书馆主任李大钊，既是中国高举马克思主义大旗的第一人，也是影响毛泽东成为马克思主义者的启蒙者。毛泽东曾说过："我在李大钊手下在国立北京大学当图书馆助理员的时候，就迅速地朝着马克思主义的方向发展。"当时北大文科学长陈独秀，也是指引青年毛泽东不断前进的导师。早在毛泽东还就读于湖南长沙第一师范的时候，陈独秀于1915年创刊的《新青年》就深深打动了他。陈独秀对毛泽东在培养马克思主义的兴趣方面也很有帮助。毛泽东还和新民学会会员们一起，曾请蔡子民、陶孟和、胡适之三先生各谈话一次，均在北大文科大楼。谈话形式为会友提出问题请他们答复。所谈多为学术及人生观方面问题。当然，这些学者名流对毛泽东等年轻人思想上的影响甚于学术上的影响。

此外，毛泽东在北大图书馆工作的时候，还遇到了张国焘、康白情、段锡朋等人。这些北京大学的师生，在毛泽东以后的岁月里，有的成了与他同行的同志，有的成了他革命生涯的对手。

也是在北大，毛泽东收获了自己的爱情，遇见并爱上了恩师杨昌济的女儿杨开慧。美好的爱情令年轻的毛泽东对生活的困窘视若无睹，在他眼里看到的是"北方的早春"，在北海还结着坚冰的时候，他看到的是"洁白的梅花盛开"，"杨柳倒垂在北海上，枝头悬挂着晶莹的冰柱"，想到了唐朝诗人岑参的诗句"千树万树梨花开"。

困苦的生活环境磨砺了他的意志，优越的学习环境增长了他的见识。如果说毛泽东在北大还有什么难以忘怀的，就是在北京大学这样一个人才济济的最高学府，青年毛泽东还是一个不显眼的小人物，与那些意气风发的新文化运动的名人之间，似乎还存在着一道若无实有的鸿沟。他自己也说："我的职位低微，大家都不理我。我的工作中有一项是登记来图书馆读报的人的姓名，可是对他们大多数人来说，我这个人是不存在的。在那些来阅览的人当中，我认出了一些有名的新文化运动头面人物的名字，如傅斯年、罗家伦等等，我对他们极有兴趣。我打算去和他们攀谈政治和文化问题，可是他们都是些大忙人，没有时间听一个图书馆助理员说南方话。"

那时的毛泽东就像是"大池塘中的一尾小鱼"，但这不影响他在北大埋头汲取当时先进的知识与思想，更不会影响他对理想的追求。与其他受过教育的中国年轻人一样，青年毛泽东也在为中国"找寻出路"。在北大红楼工作学习一段时间之后，毛泽东觉得自己"对政治的兴趣继续增长"，而且"思想越来越激进"。

虽然在这个时候他的思想还是混乱的,他说:"我读了一些关于无政府主义的小册子,很受影响。我常常和来看我的一个名叫朱谦之的学生讨论无政府主义和它在中国的前景。在那个时候,我赞同许多无政府主义的主张。"但是他在北大的时期,正是五四运动的前期,是新文化运动蓬勃发展的时期,也是毛泽东的思想将变未变之际。陈独秀、李大钊等中国马克思主义者的先驱,对他的影响是巨大的,直接启蒙了毛泽东对马克思主义的认识和信仰。他受陈独秀的影响很深,因为陈独秀是他多年来在文学方面的崇拜对象,又因为陈独秀不妥协地拥护一切不受束缚的、充满活力的新兴事物,能够满足青年毛泽东渴求解放的愿望。他在"李

毛泽东创办的《湘江评论》

大钊手下"向着马克思主义方向发展，不仅因为李大钊是马克思学说研究会的创始人，他从李大钊那里扩充了这方面的知识，还因为他的追求同李大钊非常相像，也是满怀热情地献身于使中国成为一个伟大国家的事业。

  青年毛泽东转变成一个马克思主义者是他第二次到北京的时候。1919年年底，毛泽东因为湖南省开展的"驱张运动"再次到北京，虽然没有在北大校内工作，但他的许多活动是在北大校内进行的，或是与北大有密切的关系。当时北大马克思学说研究会成员邓中夏、何孟雄、罗章龙等办了一个"亢慕义斋"，收藏了许多俄国革命的新书，毛泽东常去那里看书。对此，他回忆道：

《社会主义史》   《阶级争斗》

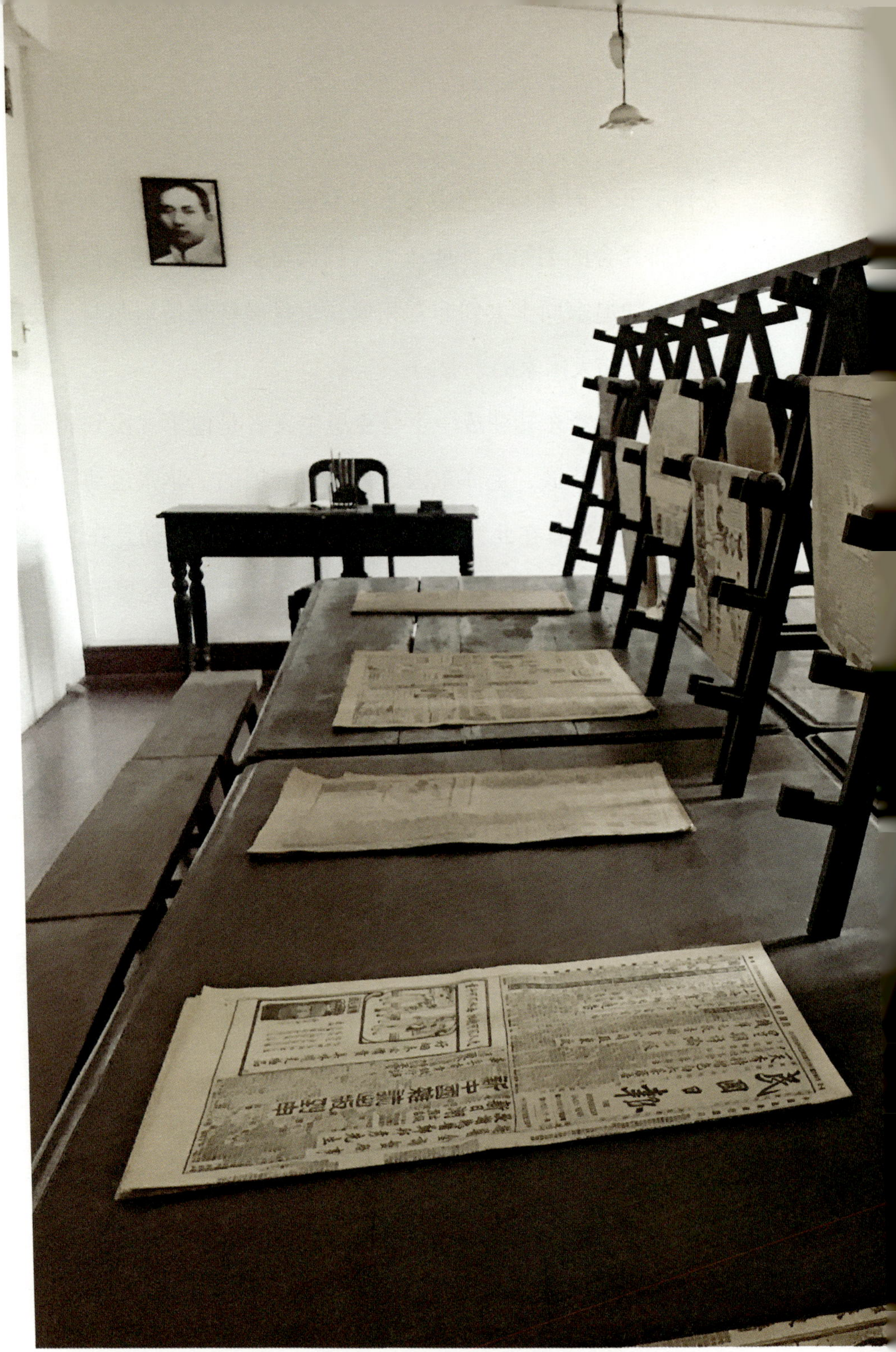
民國日報

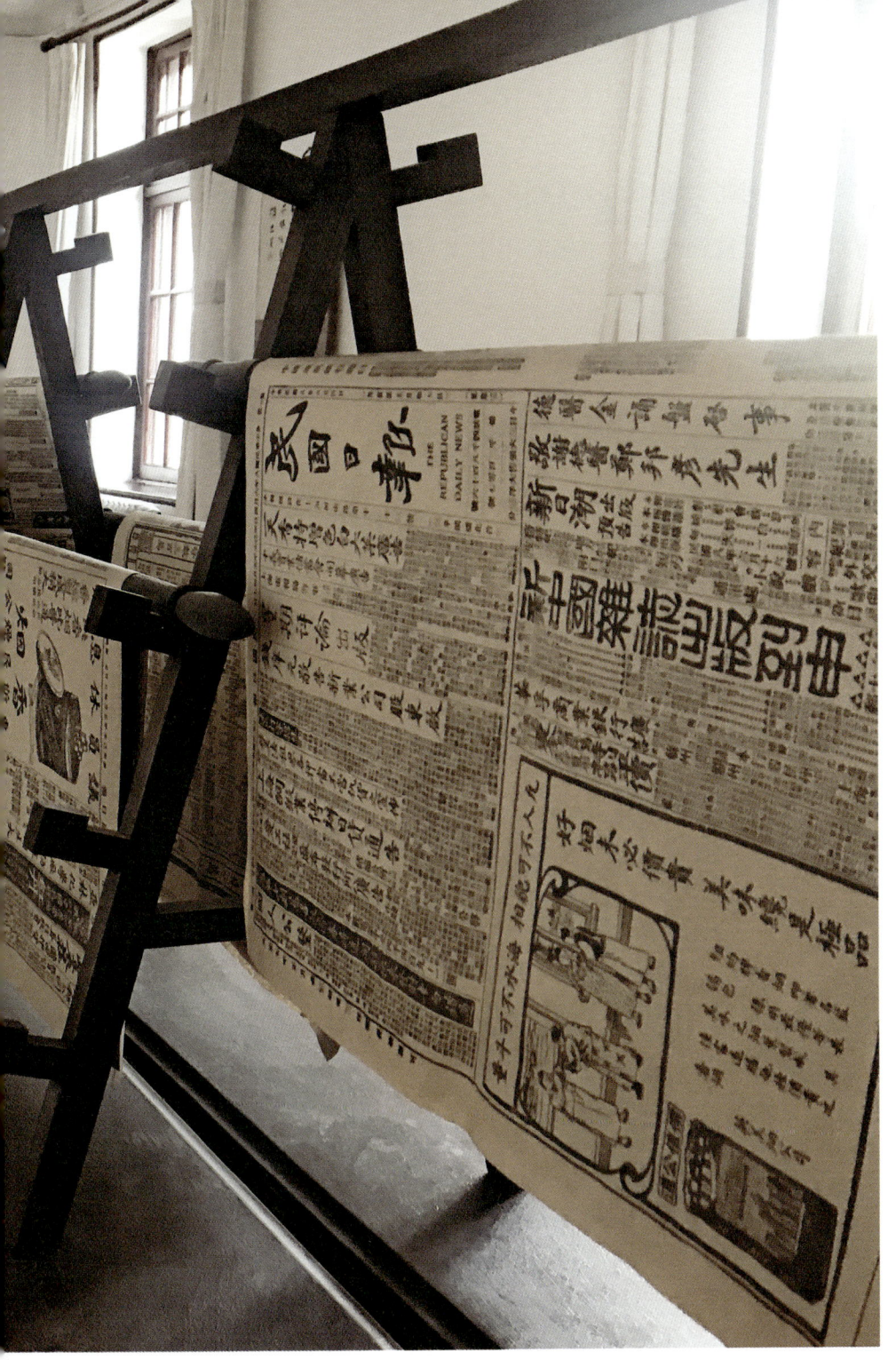

毛泽东工作过的阅览室复原

"我第二次到北京期间,读了许多关于俄国情况的书。我热心地搜寻那时候能找到的为数不多的用中文写的共产主义书籍。有三

红楼小课堂

亢慕义斋

1920年3月31日,北京大学马克思学说研究会正式成立。该会收集了马克思学说的各种外文及中文资料,集资建立了收藏共产主义图书的藏书室——亢慕义斋。"亢慕义斋"的意思就是"共产主义室","亢慕义"是"共产主义"的音译,"斋"是"屋舍"之意。亢慕义斋旧址在景山东街2号,据当事人回忆,这里布置得十分

亢慕义斋图书——列宁《共产主义运动中的"左派"幼稚病》

别致,屋内墙壁上挂着马克思像,像的两边是"出研究室进监狱,南方兼有北方强"的题词,墙上还贴有"不破不立,不立不破"的标语,以及革命诗歌、格言等。在亢慕义斋中,李大钊组织有志于研究马克思主义的青年成立翻译马克思、恩格斯、列宁等人著作的小组。这个小组中设有英、德、法三个翻译组。亢慕义斋是我国最早的以收集和传播马克思主义文献为使命的图书馆,在我国近现代图书馆发展史上具有十分重要的意义。

本书特别深地铭刻在我的心中,建立起我对马克思主义的信仰。我一旦接受了马克思主义对历史的正确解释以后,我对马克思主义的信仰就没有动摇过。""到了一九二〇年夏天,在理论上,而且在某种程度的行动上,我已成为一个马克思主义者了。"毛泽东在这里提到的三本书,分别是陈望道翻译的《共产党宣言》、李季翻译的《社会主义史》和恽代英翻译的《阶级争斗》。

一次重要的论战
问题与主义之争

为什么要办《每周评论》

《新青年》是月刊，出版周期较长，且重在思想文艺的理论宣传与启蒙教育，因此《新青年》同人商量再办一个周期短、可以紧跟局势直接宣传自己政治主张的刊物，于是就有了《每周评论》。1918年11月27日，时任北大文科学长的陈独秀在红楼二层的文科学长办公室召集李大钊、周作人、张申府、高一涵等人开会，议定创刊《每周评论》，编辑部就设在文科学长办公室内。1918年12月，《每周评论》正式创刊。

《每周评论》创刊后，对俄国十月革命、欧洲各国社会主义革命以及亚洲民族解放运动进行了广泛的宣传和报道。1919年4月6日出版的《每周评论》刊登了成舍我摘译的《共产党的宣言》，文章翻译了《共产党宣言》第二章中关于纲领的一段，是国内最早用白话文翻译《共产党宣言》的文章。

1919年6月，陈独秀因散发爱国传单被捕，胡适接任了该刊

《每周评论》创刊号。《每周评论》主要谈论时局政治，兼及思想文艺，有国外大事述评、国内大事述评、社论、文艺时评、随感录、新文艺、国内劳动状况、通信、评论之评论、读者言论、新刊批语和选论以及名著等十三个专栏，每周日出刊，四开四版，有时增刊"特别附录"。从1918年12月创刊到1919年8月被北洋政府查禁停刊，《每周评论》共出了37期。在26期以前，主要编辑人是陈独秀，后由胡适接办

编辑工作。7月20日，胡适在《每周评论》第31号发表《多研究些问题，少谈些"主义"！》一文，反对社会革命，主张改良主义。胡适主张"多多研究这个问题如何解决，那个问题如何解决，不要高谈这种主义如何新奇，那种主义如何奥妙"，他认为"主义"的大危险，就是能使人心满意足，自以为寻着包医百病的"根本解决"，从此用不着费心力去研究这个那个具体问题的解决法子了。胡适还嘲讽说："空谈好听的'主义'，是极容易的事，是阿猫阿狗都能做的事，是鹦鹉和留声机都能做的事。"胡适反对人们谈论各种主义，实际上是在这种说法之下反对马克思主义在中国的传播，宣扬改良主义，宣扬中国不需要经过革命就能解决各种问题。

1919年8月，李大钊在《每周评论》第35号上发表《再论问题与主义》，同胡适展开论战，主张以马克思主义为指针，对中国社会进行改造。李大钊首先针对胡适的主张明确声明："我是喜欢谈谈布尔扎维主义的"，"布尔扎维主义的流行，实在是世界文化上的一大变动。我们应该研究他，介绍他，把他的实象昭布在人类社会"。接着又指出：宣传理想的主义与研究实际的问题是交相为用、并行不悖的，社会问题的解决必须依靠社会上多数人的共同运动，而要有多数人的共同运动，就必须有一个共同的理想、主义作为准则，所以谈主义是必要的，如果不宣传主义，没有多数人参加，不管你怎样研究，社会问题永远也没有解决的希望。

针对胡适反对"根本解决"的改良主张，李大钊运用马克思主义的唯物史观，阐明了中国问题必须从根本上寻求解决的革命主张。他指出："经济问题的解决，是根本解决。经济问题一旦解决，什么政治问题、法律问题、家庭制度问题、女子解放问题、工人解放问题，都可以解决。"尤其是对于中国这样一个没有生机的社会，"必须有一个根本解决，才有把一个一个的具体问题都解决了的希望"。针对胡适反对阶级斗争的观点，李大钊强调：阶级斗争学说是唯物史观的一个重要内容，要解决经济问题，就必须进行阶级斗争，进行革命；如果不重视阶级斗争，"丝毫不去用这个学理作工具，为工人联合的实际运动，那经济的革命，恐怕永远不能实现"。

《每周评论》上发表的《对于新旧思潮的舆论》

李大钊此文刊出后，胡适又在《每周评论》第36号上发表《三论问题与主义》，继续阐明自己的观点。而他撰写的《四论问题与主义》刚在第37号排版，《每周评论》就被北洋政府查禁，"问题与主义"之争遂告一段落。

"问题与主义"之争是一场发生在新文化阵营内部的、具有学术辩论形式但在内容上又带有浓厚政治色彩的争论。实际上它是一次中国需要不需要马克思主义、需要不需要革命的论争。它事关如何解决中国社会政治问题的根本方法，反映了二者指导思想上的分歧。在这场论争中，李大钊和各地年轻的马克思主义者依据他们的认识水平，论证了马克思主义适合中国的需要，阐述了对中国社会进行一次彻底革命的必要性。这对于扩大马克思主义的影响，推动人们进一步探索如何改造中国社会起了积极的作用。

到工人中间去
中国首次纪念五一国际劳动节

五一国际劳动节的由来

1886年5月1日，美国芝加哥20万工人举行大罢工和游行示威，要求实现8小时工作制、改善劳动条件。1889年7月，由恩格斯领导的第二国际在巴黎举行代表大会，为了纪念美国工人的这次"五一"大罢工，显示"全世界无产者，联合起来！"的伟大力量，推进各国工人争取8小时工作制的斗争，会议通过决议，规定1890年5月1日国际劳动者举行游行，并决定把5月1日这一天定为国际劳动节。

五四爱国运动中，工人罢工展示出了强大的政治力量。早期马克思主义者认识到，工人阶级已经登上了政治舞台，并将决定中国的命运。他们很快深入到工人中，在长辛店的棚户区，在上海的陋巷里，他们展开调查研究和宣传工作，并兴办学校、组织工会。

1920年1月，在李大钊的号召和组织下，北京一些先进知识分子到人力车工人居住区进行调查。工人的悲惨生活使调查者大为震惊，"调查回来，大家相顾失色，太息不止"。

1920年4月2日，陈独秀出席上海码头工人发起的"船务栈房工界联合会"成立大会，并发表了《劳苦者底觉悟》的演说，赞扬"社会上各项人只有做工的是台柱子"，世界上"只有做工的人最有用，最贵重"，并希望工人群众迅速觉悟起来。4月中旬，陈独秀联合中华工业协会、中华工会总会等七个工界团体筹备召开"世界劳动节纪念大会"，并在筹备会上发表了《劳动要旨》的演讲。

1920年5月1日，《新青年》第七卷第六号"劳动节纪念号"

当时的劳动节宣传

《新青年》"劳动节纪念号"

出版，发表蔡元培"劳工神圣"的题词、孙中山"天下为公"的题词和李大钊的《"五一"运动史》、陈独秀的《上海厚生纱厂湖南女工问题》等文章。同时，还登载了《旅法华工工会简章》。这些文章大部分反映了上海、北京、天津、长沙、芜湖、南京、唐山等地工人的状况，介绍了各国劳动组织和工人运动的情况。其中，李大钊的《"五一"运动史》介绍"五一"节的来历和美、法等国工人纪念"五一"的活动，号召中国工人把这年的"五一"作为觉醒的日期。陈独秀的《上海厚生纱厂湖南女工问题》一文，揭露了资本家剥削工人的真相。

1920年5月1日，李大钊在北京大学召开的有500多名工友和学生参加的纪念国际劳动节会上，发表了热情洋溢的演说。他称赞俄国苏维埃政府取得的成就，宣传8小时工作制，并主张把"纪念五一节当作我们引路的一盏明灯"。这一天，何孟雄等8名北大学生和一些

红楼小课堂

《五一纪念歌》

1921年"五一"前夕，在北京的共产主义小组成员邓中夏等人创办的长辛店劳动补习学校里，工人们学唱《五一纪念歌》。其歌词是："美哉自由，世界明星，拼吾热血，为他牺牲，要把强权制度一切扫除净，记取五月一日之良辰。红旗飞舞，走光明路，各尽所能，各取所需，不分贫富贵贱，责任唯互助，愿大家努力齐进取。"这首雄壮有力的歌，是由长辛店劳动实习学校的教员和北京大学的进步学生共同创编而成的。

长辛店劳动补习学校

青年走上北京街头，分乘两辆汽车，挥舞写有"劳工神圣""五一节万岁""资本家的末日"等口号的旗帜，散发《五月一日北京劳工宣言》等小册子和传单。邓中夏等还赶到北京郊区长辛店，向铁路工人散发《五月一日北京劳工宣言》并发表讲演，在工人中进行宣传和联系工作，以唤起工人为反对剥削、争取自身权利而斗争。

在陈独秀指导下，1920年5月1日，上海各业5000多名工人也举行集会，提出"劳工万岁"等口号，通过了《上海工人宣言》。

这是中国首次纪念五一国际劳动节。

南陈北李

建立共产党早期组织

中国共产党的主要创始人

"北大红楼两巨人,纷传北李与南陈;独秀孤松如椽笔,日月双悬照古今。"这首诗出自一位具有初步共产主义思想的青年学生之手。诗中的"孤松"就是李大钊,"孤松"为其笔名;"独秀"即为陈独秀。李大钊和陈独秀一北一南,为中国共产党的创建做出了重要贡献,是中国共产党的主要创始人。

五四运动后,马克思主义得到广泛传播,并与工人运动日益结合,建立以马克思主义为指导的工人阶级政党的条件逐渐成熟。

最早酝酿在中国建立共产党的是陈独秀和李大钊。1919年6月,陈独秀因为散发《北京市民宣言》被捕入狱,社会舆论哗然。全国各界大为震动,纷纷发表函电,呼吁当局立即释放陈独秀。在社会各界的强大压力下,经李大钊等人多方营救,9月16日,陈独秀被保释出狱。为此,李大钊作诗写道:"我们现在有了很多化身，同时奋起。好象花草的种子，被春风吹散在遍地。"

陈独秀出狱后，行动仍受到监视与限制，他于1920年1月底应友人邀请前往上海。2月初又乘轮船到了武昌，在文华大学连续几天发表了令当局大为震怒的演讲，再次引起了当局的警惕。当他离开武昌返回北京后，发现警察一直在背后进行跟踪。他无法回家，无奈中躲藏在北大教授王星拱家中。为了陈独秀的安全，李大钊等人决定帮助陈独秀逃出北京。由于警方已经在车站以及主要街道、场所进行了布控，陈独秀无法直接从北京乘火车逃离。

这时，李大钊挺身而出，悄悄护送陈独秀从公路出发。两人雇了一辆骡车，从朝阳门南下，秘密离开北京。李大钊先护送陈独秀到自己的家乡——河北省乐亭县暂避，然后再转道天津前往上海。就是在这辆简陋的骡车上，两位中国共产主义的先驱一路驱车，一路交谈，商谈在上海和北京南北响应，组织建立中国共产党相关事宜。之后，1920年3月在北京，由李大钊主持，成立了北京大学马克思学说研究会，1920年5月在上海，陈独秀等也发起成立了马克思主义研究会。

1920年4月，列宁领导的共产国际派代表维经斯基来到中国，经北大俄籍教员柏烈伟介绍，认识了李大钊。李大钊在红楼图书馆主任室热情会见了维经斯基，商讨建党有关问题。谈话后，李大钊随即找罗章龙、张国焘、李梅羹、刘仁静等人在其办公室外面的会客室与维经斯基会面。维经斯基详细介绍了俄国十月革命和苏俄的各项政策、法令，并向李大钊等赠送了《国际》《震撼世界十日记》等书刊。在李大钊的撮合下,维经斯基还与邓中夏等北大青年共产主义知识分子举行多次座谈。之后,李大钊写信介绍维经斯基到上海会见陈独秀,商讨建党问题。

在维经斯基等人的支持下,陈独秀、李大钊二人加快了在南北方建党的进程,并继续以通信等方式保持联络,就建党问题交换意见。1920年6月,陈独秀与李汉俊、俞秀松、施存统等人开会商议,决定建立共产党组织。关于党的名称,陈独秀写信征求李大钊的意见,李大钊回信主张定名为"共产党",陈独秀表示完全同意。经过酝酿和准备,上海的共产党早期组织于1920年8月在上海法租界老渔阳里2号《新青年》编辑部正式成立,取名"中

北京共产党早期组织出版的刊物《劳动音》

国共产党"。

1920年10月，李大钊在马克思学说研究会的基础上，在红楼图书馆主任室成立北京共产党早期组织，取名"共产党小组"。李大钊还当众宣布每月捐出他个人薪俸的80元作为小组开展各项活动的费用。1920年年底，北京党组织召开会议，决定成立"共产党北京支部"。李大钊任书记，张国焘、罗章龙分别负责组织和宣传工作。随后陆续发展了一些成员，到1921年中国共产党第一次全国代表大会召开时，北京的早期党组织已拥有李大钊、张国焘、邓中夏、罗章龙、刘仁静、高君宇、缪伯英、何孟雄、范鸿劼、张太雷、宋介、李梅羹、陈德荣等十几名成员，他们大多是北大进步师生。大家公推李大钊为小组领导人。随着工作的逐步开展，组织内有了简单分工。张国焘负责组织、交际；邓中夏主持学生、青年团工作；罗章龙负责宣传，主编《工人周

红楼小课堂

北京社会主义青年团的成立

北京社会主义青年团于1920年11月在北京大学成立，高君宇当选为第一任书记。青年团以北大红楼为据点，积极开展活动。初期工作主要是在各个学校联络进步学生学习、宣传马克思主义，组织工读互助组，举办劳动补习学校，相机发展团员，并组织一部分青年赴苏联学习。北京社会主义青年团的成立和发展，不仅扩大了马克思主义的影响，而且还为北京共产党早期组织的壮大输入了新生力量。

北京社会主义青年团机关刊物《先驱》创刊号

刊》，兼管北方工人运动；刘仁静主要搞翻译工作。

星星之火很快形成燎原之势。在李大钊、陈独秀的影响和推动下，武汉、广州、济南等其他地方也相继建立起党团组织。各地的共产党早期组织有计划地研究和宣传马克思主义，批判各种反马克思主义思潮，开展工人运动，进一步促进了马克思主义与中国工人运动的结合。两位党的缔造者更是积极领导和参与其中，并为党的全国统一组织的建立做最后的筹备工作。

北大红楼见证了中国共产党早期组织的建立，历史赋予了这座红色建筑以新的意义。

附录

北京鲁迅博物馆
（北京新文化运动纪念馆）简介

北京鲁迅博物馆（北京新文化运动纪念馆）是由北京鲁迅博物馆和北京新文化运动纪念馆合并组建而成，现包括鲁迅博物馆馆区和新文化运动纪念馆馆区。

北京鲁迅博物馆（北京新文化运动纪念馆）鲁迅博物馆馆区位于北京市西城区阜成门内大街宫门口二条19号，是为了纪念和学习中华民族的思想文化巨人鲁迅先生而建立的社会科学类人物博物馆，是中央国家机关思想教育基地、中央国家机关文明单位、北京市爱国主义教育基地、首都残疾人爱国主义教育基地、北京市社会大课堂中小学生教学活动实验基地，是首批国家一级博物馆。1955年12月开工建设，1956年10月19日正式开馆。

北京鲁迅博物馆（北京新文化运动纪念馆）新文化运动纪念馆馆区位于北京市东城区五四大街29号，依托原北京大学红楼建立了北京新文化运动纪念馆，2002年4月正式对外开放，是全国爱国主义教育示范基地、全国百家红色旅游经典景区之一。北大红楼作为新文化运动、五四运动的发源地，1961年3月被公布为第一批全国重点文物保护单位。

新文化运动纪念馆馆区包括"新时代的先声——新文化运动陈列"及五四时期北大红楼部分旧址复原。有图书馆主任室、登录室、第二阅览室、第十四书库，以及《新潮》杂志社、学生大教室以及红楼大门等七处旧址；蔡元培、陈独秀专题展等基本陈列。每年与全国各博物馆合作，不断推出各种有特色的展览，丰富了展览内容。

2014年7月11日，北京鲁迅博物馆和北京新文化运动纪念馆合并为北京鲁迅博物馆（北京新文化运动纪念馆）。合并后的北京鲁迅博物馆（北京新文化运动纪念馆）迎来了难得的发展机遇，将围绕建设国家一流博物馆目标而努力奋斗。

后记

《新时代的先声：北大红楼的故事》历经几年的策划、编写，几易其稿，终于出版与广大读者见面了，编者感到无比欣慰！

北大红楼是一座近代建筑，更是一段辉煌历史的凝结，其中蕴含的红色资源正在吸引着越来越多人的目光。重温那段激情燃烧的岁月、讲好红楼故事、传承红色基因，是北大红楼人义不容辞的责任。基于这一点，我们怀着对伟大革命历史、伟大革命人物的崇敬之情向广大读者献上这部书，力图通过一个个鲜活的历史画面、一个个动人的历史故事，充分展现北大红楼作为马克思主义在中国早期传播基地的辉煌历程，使青少年读者在阅读中升华理想信念，筑牢世界观、人生观和价值观，传承好红色基因，当好革命的接班人。

北京鲁迅博物馆（北京新文化运动纪念馆）对本书的编写工作十分重视，党委书记、副馆长李游挑选精干力量进行创作。马海亭、刘静在工作之余，投入大量精力进行编写；秦素银、田丹等同志积极参与其中，提供了有价值的参考资料。大象出版社的领导和编辑为本书的出版付出了很大的心血。在编写出版过程中我们也得到了来自方方面面的关心、支持和帮助，在此一并致谢！

由于水平有限，书中如有不妥之处，敬请广大读者批评指正。

编者

2024 年 1 月